T0304692

بسم الـلـه الرحمن الرحيم

(قالوا سبحانك لا علم لنا إلا ما علمتنا إنك أنت العليم الحكيم (٣٢))

صدق الـلـه العظيم

(سورة البقرة: 32)

ثقافة العنف

لدى طلبة المدارس الثانوية

(الأزمة والمواجهة)

ثقافة العنف
لدى طلبة المدارس الثانوية

(الأزمة والمواجهة)

تأليف

دكتور/ محمد توفيق سلام

أستاذ متفرع

بالمركز القومي للبحوث التربوية والتنمية بالقاهرة

رئيس شعبة بحوث المعلومات التربوية (سابقا)

الناشر

المجموعة العربية للتدريب والنشر

2012

فهرسة أثناء النشر إعداد إدارة الشئون الفنية - دار الكتب المصرية
سلام، محمد توفيق
ثقافة العنف لدى طلبة المدارس الثانوية/ تأليف: محمد توفيق سلام
ط1 - القاهرة: المجموعة العربية للتدريب والنشر
130 ص: 24x17سم.
الترقيم الدولي: 7-81-6298-977-978
1- العنف
2- الطلبة - أخلاق أ- العنوان
ديوي: 301,633 رقم الإيداع: 2010/23276

الطبعة الأولى
2012

الناشر
المجموعة العربية للتدريب والنشر
8 أشارع أحمد فخري - مدينة نصر - القاهرة - مصر
تليفاكس: 22759945 - 22739110 (00202)
الموقع الإلكتروني: www.arabgroup.net.eg
E-mail: info@arabgroup.net.eg
elarabgroup@yahoo.com

المحتويات

تقديـــم

يهتم المؤلف في هذا الكتاب بظاهرة مؤسفة في مدارسنا وتنتشر بين طلابنا هي ظاهرة العنف لدى الطلبة، فيسعى سعيا علميا إلى تحديد المشكلة أو الأزمة وتحديد مفهومها ومظاهرها لدي الطلبة ورصد العوامل والأسباب التي أدت إلي نشأة وتطور ثقافة العنف بين الطلاب .

ويواجه الباحث وغيره من الذين يتصدون لظاهرة العنف لدي الطلبة كما هائلا من الأحداث المؤسفة والوقائع المؤلمة التي يجرمها القانون، وتطالعنا بها الصحف يوميا، وما يصاحب هذا وذاك من دهشة لما يحدث من طلاب العلم داخل محرابه وخارجه، ومن ثم فالواقع مرير و الصورة رديئة لظاهرة العنف لدى طلاب العلم .

ومن الجدير بالذكر أن العنف بصفة عامة يعد مشكلة مزعجة للحياة المعاصرة حيث ابتليت به المجتمعات شرقا غربا على حد سواء، وفى المجتمع المصري أصبحت الشكوى عامة ومستمرة والصيحة تلو الصيحة عالية مدوية من العنف في كل البيئات متخذا أنواعا مختلفة وتباينات عدة، ولقد صاحب شيوع هذه الظاهرة شيوع ثقافة خاصة بها، هي ثقافة العنف وعدوات في مجالات ومناحي الحياة، حتى باتت القوة والبلطجة مستخدمة يوميا في كل البيئات وثقافة راسخة في الأذهان وتعتمد ثقافة العنف على عدم احترام القيم وتدهورها وعدم احترام الآخر وعدم احترام الحوار والجدل الحسن وعدم احترام شرعية القانون وسيادته في المجتمع، ومن ثم فقد القانون هيبته في أذهان البعض وأصبح الخروج عليه سلوكا ممارسا، وأضحى العنف قضية مطروحة بشدة لدى الساسة والمفكرين والمصلحين الاجتماعيين عامة والمعنيين بالعلوم الاجتماعية والإنسانية بصفة خاصة.

ومن المؤسف أن هذه الظاهرة الاجتماعية امتدت إلى البيئة المدرسية وعانت منها المدرسة في الآونة الأخيرة معاناة شديدة حيث انتشرت بين طلاب العلم وفى بيئات المدارس وأثرت على الحياة المدرسية والأداء التعليمي للمدرسة ورسالتها في المجتمع ووجود جو من التوتر في المناخ المدرسي، وإثارة قلق الأسرة على حاضر ومستقبل أبنائها . ومع تفشى وشيوع ظاهرة العنف بين الطلاب بالتعليم العام فلا تخلو مدرسة من المدارس من السلوكيات العنيفة بأنواعها ومظاهرها المختلفة بين الطلبة وبين جدران المدارس وخارجها، فيصبح العنف لدى الطلاب مشكلة مدرسية تعرقل مسيرة التعليم والتربية. ويصبح التساؤل مقرونا بالدهشة ماذا حدث لطلابنا ومدارسنا ؟؟!! ومن ثم نكون إزاء مشكلة جد خطيرة وأزمة لابد من التصدي لها ومواجهتها بكل غال وثمين.

ويحلق المؤلف في هذا الكتاب عارضا المشكلة وتساؤلاتها والمنهج العلمي المستخدم في دراستها وواقع ظاهرة العنف لدى الطلبة ومفهوم العنف وأنواعه ومظاهره العالمية والمحلية وحجم الظاهرة وموقف وزارة التربية والتعليم منها.

كما عنى المؤلف بالعوامل المجتمعية المختلفة والأسباب المؤدية إلى العنف من حيث الأسرة والمدرسة والإعلام والمجتمع، وتأثير البيئة في ظاهرة العنف الطلابي بالمدارس وأثارها .كما عنى المؤلف بجهود بعض الدول لمواجهة العنف لدى الطلاب في كل من المملكة المتحدة والولايات المتحدة الأمريكية. كما توفر المؤلف على وضع تصور لمواجهة تلك الظاهرة المؤسفة .

ومن ثم جاءت المادة العلمية بين دفتي الكتاب في خمسة فصول على الوجه التالي:

الفصل الأول: المشكلة والمنهج.

الفصل الثاني: واقع ظاهرة العنف لدى الطلبة.

الفصل الثالث: العوامل المجتمعية والأسباب المؤدية إلى العنف.

الفصل الرابع: جهود بعض الدول لمواجهة العنف لدى الطلاب.

الفصل الخامس: تصور مقترح لآليات مواجهة العنف لدى الطلاب من حيث الأسرة، المدرسة، الإعلام، ورجال الدين، سيادة دولة القانون، ثقافة القانون، الشرطة المتخصصة.

ونأمل أن يكون في هذا الكتاب الفائدة العلمية والعملية المرجوة. والخير أردت وعلى الـلـه وحده قصد السبيل.

هذا وبالله التوفيق...

دكتور/ محمد توفيق سلام

الفصل الأول

الإطـار العــام

الفصل الأول

الإطار العام

مقدمة

توضح أدبيات علم الاجتماع أن «المجتمعات الريفية القديمة مارست أنواع العنف البدني أكثر من العنف المعنوي... ولم تكن هناك قواعد أو قوانين إلا قانون الأقوى الذي ينفذ وفقا للظروف والأحوال، ولم يكن للقانون وجود... والتراشق بالألفاظ النابية يتم بلا سيطرة... ويصل إلى حد العناد حتى ينقلب إلى صدام وفى بعض الأحيان إلى القتل، ولم يكن هناك بديل إلا العنف»[1]. وبذلك كان العنف قسمة لهذه المجتمعات وحظا عسرا لها.

ولم يعرف العنف طريقه إلى المجتمعات القديمة فحسب، بل عرف طريقه أيضا إلى المجتمعات الحديثة والمعاصرة، إذ يعد العنف مشكلة من أكثر المشكلات إزعاجا في الحياة المعاصرة، بعد أن ابتليت به المجتمعات المعاصرة شرقا وغربا على حد سواء، وفى المجتمع المصري أصبحت الشكوى دائمة، والصيحة عالية، من العنف في كل البيئات، متخذا أنواعا مختلفة بين اعتداء على المال العام، وعنف أخلاقي يأخذ أشكالا مختلفة وصورا متباينة وعنف سياسي أو إرهابي، وغيرها.

ويتضح من استقراء الواقع الاجتماعي شيوع ظاهرة البلطجة كسلوك منحرف عنيف في البيئات الفقيرة والغنية على السواء، وفى البيئات الزراعية والصناعية

والتجارية. ولقد صاحب شيوع هذه الظاهرة شيوع ثقافة العنف في مجالات ومناحي عديدة للحياة التي نعيشها، حتى باتت القوة لغة مستخدمة يوميا لإنهاء الحوار بين الأطراف فرادى وجماعات.

وتعتمد ثقافة العنف على القوة وعدم احترام شرعية القانون، كأداة رسمية للضبط الاجتماعي في المجتمع، وتقليل هيبة وسلطة الدولة في أذهان وعقول أفراد المجتمع، ومع فقد القانون لهيبته والخروج عليه، يقل احترامه في نفوس الأفراد، وتزداد ممارساتهم للعنف، ويصبح العنف سببا ونتيجة في آن واحد لعدم احترام القانون وفقدانه لهيبته وهيبة سلطة الدولة في المجتمع، ومن ثم إشاعة مناخ العنف، وتقويض التنمية والاستقرار والأمن والأمان في المجتمع، فثقافة العنف تعلى من قيمة القوة على حساب قيمة القانون كأداة رسمية للضبط الاجتماعي، وأيضا تعلى من قيمة القوة على حساب قيمة العقل أو أنها ثقافة يغيب فيها العقل، فثقافة العنف لا مكان فيها ولا وجود للعقل.

ونظرا لخطورة العنف ومضاره، بات قضية مطروحة وبشدة لدى الساسة والمفكرين والمصلحين الاجتماعيين عامة، والمعنيين بالعلوم الاجتماعية والإنسانية والظاهرات الاجتماعية خاصة. فالعنف ظاهرة اجتماعية محيرة، وتكمن الحيرة فيها في الرفض الاجتماعي لها من جانب الأفراد والجماعات الاجتماعية. ومن المدهش أنه رغم هذا الرفض الاجتماعي إلا أنها موجودة في كل مكان وفى كل البيئات على حد سواء، وتأخذ تلك الظاهرة أشكالا وصورا مختلفة.

وإذا كان العنف هكذا في المجتمعات والبيئات الاجتماعية بصفة عامة، فإنه قد امتد إلى البيئة المدرسية أيضا حيث تعانى البيئة المدرسية في الآونة الأخيرة وللأسف بعضا من الظواهر السلبية التي أشاعت وانتشرت بين طلاب العلم،

ومن ثم تؤثر على الأداء التعليمي والتربوي للمدرسة وعلى رسالتها في المجتمع. ومن «المثير للانتباه تفشى ظاهرة العنف بين طلاب المدارس الثانوية بنوعيها العام والفني وكثرت الشكوى من الطلاب مما يؤدى إلى ثقل كاهل الإدارة ويدفع إلى عدم الاستقرار في المدرسة ويوجد مناخا من التوتر لا يسمح بسير العملية التعليمية والتربوية في طريقها الصحيح، ويثير قلق الأسرة والأمة على حاضر ومستقبل أبنائها»[٢]. ومع تفشى ظاهرة العنف بين الطلاب إلى الحد الذي يمكن معه القول: إنه لا تكاد تخلو مدرسة من المدارس من السلوكيات العنيفة بأنواعها وأشكالها ومظاهرها المختلفة بين الطلبة ومن ثم يصبح العنف في المدارس مشكلة مدرسية تعرقل مسيرة التعليم والتربية في مصر. كما يكون معها التساؤل قائما ومصحوبا بالدهشة هل أصبح طالب العلم خصما وعدوا لأخيه وزميله الطالب؟ وهل أصبح طالب العلم خصما وطرفا عنيدا لمعلمه وإدارة مدرسته؟

وإذا كان التساؤل مصحوبا بالدهشة هكذا فإننا نكون إزاء مشكلة جد خطيرة، قد تصبح مع تركها أكبر من قدرة المجتمع ككل في مواجهتها والتصدي لها، والحد من مخاطرها.

1- ما واقع ظاهرة العنف لدى طلبة المدرسة الثانوية في مصر؟
2- ما العوامل المجتمعية والأسباب المؤدية إلى العنف لدى طلبة المدرسة الثانوية؟
3- ما جهود بعض الدول في الحد من ظاهرة العنف لدى الطلبة؟
4- كيف يمكن التصدي لظاهرة العنف والحد منها لدى طلبة المدرسة الثانوية في مصر؟

ويتبين من مطالعة الأدبيات التربوية والاجتماعية وجود عدد من الدراسات التي يعدها الباحث وثيقة الصلة بالدراسة الحالية، ويتم عرضها على الوجه التالي:

(1) دراسة طلعت إبراهيم لطفي:[٣] التنشئة الاجتماعية وسلوك العنف عند الأطفال - دراسة ميدانية لمجموعة من التلاميذ في مرحلة التعليم الابتدائي بمدينة بنى سويف (في) د. علياء شكري: الأسرة والطفولة دراسات اجتماعية وأنثروبولوجية، ط١، دار المعرفة الجامعية الإسكندرية (د.ت).

وتحددت تساؤلات الدراسة في:

- ما أهمية الدور الذي تلعبه الأسرة بالمقارنة بغيرها من مؤسسات التنشئة الاجتماعية مثل المدرسة ووسائل الإعلام وجماعة الأقران بالنسبة لاكتساب الأطفال لسلوك العنف؟
- ما أنماط السلطة السائدة داخل الأسرة، وهل هناك علاقة بين تركز السلطة في يد الوالدين (نمط ديمقراطي) أو يد أحدهما (نمط استبدادي) وبين ظهور سلوك العنف عند الأطفال؟
- هل هناك علاقة بين درجة اتفاق الوالدين على أسلوب معاملة الطفل وبين ممارسة الأطفال لسلوك العنف؟ ما أهم أساليب الثواب والعقاب التي يستخدمها الآباء لضبط سلوك الأطفال داخل الأسرة؟ وما مدى فعالية كل من الثواب والعقاب كوسيلة للحد من سلوك العنف عند الأطفال؟
- هل هناك مظاهرة للتفرقة بين الأبناء داخل الأسرة؟ وهل هناك علاقة بين درجة شعور الأطفال بالتفرقة واللا مساواة بين ممارستهم لسلوك العنف؟
- هل هناك علاقة بين تدريب الطفل على الاستقلال وبين ممارسة الأطفال السلوك العنف؟
- هل هناك علاقة بين التنشئة الدينية وبين ظهور سلوك العنف عند الأطفال؟

ولقد أجريت هذه الدراسة على عينة من تلاميذ مرحلة التعليم الابتدائي (٦-١٢ سنة) الذكور دون الإناث على اعتبار أن سلوك العنف يظهر عند الذكور أكثر مما يظهر عند الإناث. وتم التطبيق بمدينة بنى سويف على ٨٢٣ تلميذا خلال العام الدراسي ١٩٩٣/٩٢.

وتم استخدام المنهج التجريبي. كما استخدمت أربع أدوات لجمع البيانات هي الملاحظة والاستبيان، والمقابلة، والسجلات والوثائق.

وكانت أهم نتائج تلك الدراسة:

1- من حيث مظاهر العنف عند الأطفال:

أ - العدوان على الآخرين.

ب- تخريب أو تحطيم الممتلكات.

ج- كلاهما.

2- من حيث أسباب العنف عند الأطفال:

أ - ضعف الوازع الديني وسوء التربية.

ب- الفقر والشعور بالحرمان المادي والعاطفي.

ج- التفرقة وعدم المساواة بين الأطفال.

د- سوء استغلال وقت الفراغ.

3- من حيث مؤسسات التنشئة الاجتماعية وسلوك العنف عند الأطفال:

تحتل الأسرة المركز الأول بين مؤسسات التنشئة الاجتماعية من حيث تأثيرها على ممارسة الأطفال لسلوك العنف، ويلي الأسرة وسائل الإعلام والمدرسة وجماعات الأقران.

تأخذ شكل العصابات المسلحة بالعصي والقضبان الحديدية، والسلاسل وأحيانا المسدسات.

وتحدث هذه المواقف داخل المدرسة، وقد تؤدى إلى تصدع النظام المدرسي وإفساد الحياة المدرسية وذلك قبل أن يتأسس نظام الأمن في المكسيك.[٢٦]

ومن مظاهر العنف لدى الطلبة في المكسيك أيضا تخريب البيئة المحيطة بالمدرسة كالتخريب المتعمد للأشجار وإتلافها، وكذلك الحدائق، والمباني المحيطة بالمدرسة فالشباب الذين يهربون من المدرسة لأسباب مختلفة، يصبحون أعضاء في جماعات من الأشرار وعصابات تخريبية، كما يقومون ببيع العقاقير المخدرة، والكحول والخمور، والسجائر المخدرة، وشم المواد السامة وبيعها.[٢٧] وذلك حول أسوار المدارس أو بالقرب منها.

ثانيا المظاهر المحلية:

العنف لدى الطلاب كما يبدو من التحليل السابق - لبعض الدول - ظاهرة عالمية، ومن ثم فهو ليس بظاهرة محلية خاصة بدولة دون دولة أو مجتمع دون غيره من المجتمعات الأخرى. ولكنه ظاهرة جديدة نسبيا (وغريبة) في مجتمعنا (مصر) الذي كان وما زال يتمتع بقدر كبير من التسامح والمسالمة والبعد عن العنف.[٢٨]

وتطالعنا الصحف اليومية في مصر بأخبار بين الحين والآخر تدعو للدهشة والتساؤل هل هذا يحدث في مدارسنا الثانوية، وفي الشوارع والطرقات المؤدية إليها، ويحدث من طلاب العلم والمعرفة بها؟! ويحدث داخل حجرات الدراسة، وخارجها، وفي أوقات الفسح وفترات ما بين الحصص وفي الأفنية المدرسية، وخارج أسوار المدرسة بعد انتهاء اليوم المدرسي، إن أشياء وأمورا مؤسفة تحدث

٤ - من حيث نمط السلطة في الأسرة وسلوك العنف:

جاء النمط الاستبدادي (تركز السلطة في يد أحد الوالدين) أولا، ثم النمط الديموقراطي (تركز السلطة في يد الوالدين معا) ثانيا.

(2) دراسة محمد السيد أبو المجد عامر (١٩٩٨)[٤]: دراسة مقارنة للعوامل المؤدية للعنف في البيئة المدرسية وكيفية التخفيف من حدتها من منظور الخدمة الاجتماعية في كل من الريف والحضر مجلة البحوث النفسية والتربوية، تصدرها كلية التربية جامعة المنوفية، العدد الثالث، السنة الثالثة عشر، ١٩٩٨.

تمثلت مشكلة الدراسة في تفشى ظاهرة العنف بين الطلاب في المدارس الثانوية بنوعيها (العام والفني) وكثرت شكوى الطلاب، وعدم الاستقرار في المدرسة يوفر جوا من التوتر لا يسمح بسير العملية التربوية والتعليمية في طريقها الصحيح ويثير قلق الأسرة والأمة على حاضرها ومستقبل أبنائها.

وهدفت الدراسة إلى التصدي لهذه الظاهرة، والوقوف على العوامل المؤدية للعنف في البيئة المدرسية بالتعليم الثانوي (العام والفني) في الريف والحضر.

وتحدد المجال الزمني للدراسة في سنة ١٩٩٨، وتكونت العينة من ١٢٠ طالبا بالمدارس الثانوية (عام وفني) في الريف والحضر (مدينة طنطا - وريف طنطا، قرية برما).

وتوصلت الدراسة إلى مجموعة من العوامل المؤدية إلى العنف بين الطلاب في المدارس الثانوية صنفها الباحث إلى:

1- عوامل اجتماعية.

2- عوامل اقتصادية.

3- عوامل ثقافية.

4- عوامل نفسية.

5- عوامل مدرسية.

6- عوامل سياسية.

(3) دراسة محمد السيد حسونة (١٩٩٩):[٥] بعض المشكلات السلوكية لدى طلاب المرحلة الثانوية (ظاهرة العنف الطلابي)، المركز القومي للبحوث التربوية والتنمية شعبة بحوث المعلومات التربوية، القاهرة ١٩٩٩.

واهتمت بدارسة ظاهرة العنف بين طلاب المرحلة الثانوية، وأهم الأسباب الكامنة وراء انتشار هذه الظاهرة محليا وعالميا، وتمثلت هذه الأسباب في:

1- الأسرة

2- المدرسة

3- وسائل الإعلام

4- المجتمع

ويتمثل وجه الإفادة من هذه الدراسات السابقة في التعرف على مظاهر العنف عند تلاميذ المرحلة الابتدائية وأسبابه وتأثير مؤسسات التنشئة الاجتماعية، ونمط السلطة في الأسرة، على سلوك العنف. كما يمكن الإفادة أيضا من هذه الدراسات السابقة في التعرف على مجموعة العوامل المؤدية إلى العنف لدى طلاب المدارس الثانوية في كل من الريف والحضر، وتتمثل الإفادة أيضا في التعرف على مظاهر العنف لدى الطلاب عالميا ومحليا، وكذا التعرف على الأسباب الكامنة وراء انتشار ظاهرة العنف لدى الطلاب.

وتمت المعالجة العلمية للدراسة باستخدام المنهج الوصفي[٦] حيث يناسب

طبيعة الدراسة الحالية وموضوعها من حيث الوصف الدقيق لظاهرة العنف لدى طلبة المدارس الثانوية، وتحليل واقع هذه الظاهرة وحجمها ومظاهر العنف وأنواعه لدى الطلبة، وتحليل العوامل المجتمعية والأسباب المؤدية إليه، والوصف الكمي والكيفي للعنف لدى الطلبة كما يبدو من الوثائق الرسمية المتاحة في الدراسة. كما يعين المنهج الوصفي المستخدم في الدراسة على جمع الحقائق الراهنة المتعلقة بظاهرة العنف لدى الطلبة، وكذلك جمع البيانات الكمية والكيفية لأنواع العنف ومظاهره وأشكاله لدى الطلبة، ثم تحليل وتفسير ما تم جمعه من حقائق وبيانات لاستخلاص دلالة هذه الحقائق والبيانات عن ظاهرة العنف لدى الطلبة، واستخلاص النتائج التي تسفر عنها الدراسة.

وتهدف هذه الدراسة إلى:

1- دراسة واقع ظاهرة العنف لدى الطلبة بالمدرسة الثانوية. وتبين الظاهرة في جانبها الوصفي كميا وكيفيا، من حيث حجم ظاهرة العنف لدى الطلبة، وأنواع العنف ومظاهره لدى الطلبة عالميا ومحليا.

2- الكشف عن العوامل المجتمعية والأسباب المختلفة لظاهرة العنف لدى الطلبة بالمدرسة الثانوية.

3- دراسة الوسائل والتدابير التي تتخذها الدول المختلفة للحد من ظاهرة العنف لدى الطلبة.

4- وأخيرا تهدف الدراسة إلى وضع تصور مقترح للتصدي لظاهرة العنف والحد منها لدى طلبة المدرسة الثانوية في مصر.

وتتمثل أهمية الدراسة في تصديها لظاهرة خطيرة هي العنف التي انتشرت في البيئات والمجتمعات المدرسية، وتؤثر بالسلب على سير العملية التعليمية بالمدرسة الثانوية وتعوقها عن تحقيق أهدافها.

وأيضا في المحاولة العلمية للحد من الظاهرة عن طريق التصور المقترح الذي تقدمه الدراسة من خلال دراسة العوامل المجتمعية الأسباب المؤدية لتلك الظاهرة الخطيرة في المجتمعات المدرسية، وتحصين الطلاب ضد الانحرافات السلوكية.

المحاور العلمية والفصول:

تسير الدراسة في المحاور الآتية:

- واقع ظاهرة العنف لدى الطلبة في المدرسة الثانوية.
- العوامل المجتمعية والأسباب المؤدية إلى العنف لدى الطلبة.
- جهود بعض الدول لمواجهة العنف لدى الطلبة.
- التصور المقترح.

الفصل الثاني

واقع ظاهرة العنف لدى الطلبة بالمدرسة الثانوية

الفصل الثاني

واقع ظاهرة العنف لدى الطلبة بالمدرسة الثانوية

مفهوم العنف

يعنى العنف في أصله اللغوي الأخذ بالشدة والقسوة فهو عنيف[٧]، وهذا الأصل اللغوي يبرز عنصران: العنصر الأول عنصر الشدة أو القوة وهى مستمدة من الطبيعة كما في العاصفة، أو السيل الجارف، والعنصر الثاني هو عنصر القسوة أو الغلظة، وفي العنصرين يتمثل فعل الإيذاء أو الضرر. ويوصف جريان النهر بأنه عنيف حينما تطغى المياه على شطآنه فتهلك الزرع والحرث وتخرب المساكن والأماكن. ومن ثم يحمل طغيان النهر في جريانه الضرر والأذى لكل ما يوجد على شطآنه.

ولقد عرفت كلارك (Clark) العنف بأنه «تصرف صادر من أعضاء جماعة اجتماعية تتمتع بقوة... موجه إلى أعضاء جماعة اجتماعية تفتقر إلى تلك القوة...»[٨] ومن ثم يشير مفهوم العنف (Violence) إلى استخدام الضغط أو القوة استخداما غير مشروع أو غير مطابق للقانون، ويكون من شأنه التأثير على إرادة فرد ما، وهنا يكون العنف بمعنى الإكراه. ومن الناحية القانونية نجد أن الإكراه إذا وقع على من تعاقد يكون سببا في بطلان العقد.[٩] فالإكراه يبطل شرعية العقد، لأن الإكراه يسلب حرية الإرادة، ومن ثم يبطل التعاقد لفقد حرية الإرادة.

وتجمع تعريفات العنف «على أن عناصر العنف تبدو واحدة تقريبا وهى: التعبير الصريح عن استخدام القوة الجسدية ضد الآخرين... لإحداث قتل أو جرح أو إصابة، وأضافت بعض التعريفات أعمال التخريب للممتلكات والحوادث غير المتعمدة، بينما ضمنت تعريفات أخرى العنف السيكولوجي مثل السب والإهانة».[١٠]

وإذا كانت كلمة العنف تشير «على المستوى الوصفي ببساطة إلى القوة الجسمانية المستخدمة للإضرار (بالغير) فإنها تشير على المستوى الأخلاقي إلى استخدم القوة الجسمانية غير المقبولة للإضرار بشخص أخر»[١١] وبذلك يكون العنف مظهرا لسلوك الاعتداء على الآخرين وإلحاق الضرر بهم باستخدام القوة الجسمانية من جانب الشخص العنيف، دون مراعاة لحقوق قانونية للأفراد أو مراعاة لأصول وأعراف اجتماعية سنها المجتمع، ومن ثم يرمى العنف إلى إزالة الحدود القانونية والاجتماعية للأفراد في المجتمع نتيجة للقانون والواقع الاجتماعي، لأن مفهوم العنف يرتبط بالضرر أو الأذى الذي يصيب شخصا أو مجموعة من الأشخاص.

وعلى ذلك يجسد العنف معنى الاعتداء والتهجم على الآخرين، فتنتهك حرماتهم وتسحق حقوقهم وتستباح ممتلكاتهم، لأن العنف يحمل معنى العدوان غير المبرر أو المتهور أو المفرط، أو غير العقلاني. فالإنسان الغاضب مثلا يرفض أن يستمع لصوت العقل، والشخص العنيف (الذي يمارس العنف) يرفض أن يتفهم الوسائل المتاحة والظروف، كما يرفض الاستماع إلى النقد، ولا يعمل لتصرفاته أي حساب، ولا يراعى حقوق الآخرين. وبذلك يكون العنف في أحد جوانبه مظهرا من مظاهر عدم النضج النفسي والاجتماعي والأخلاقي، لأن العنف

سمة انفعالية مكتسبة، وغير مقبولة اجتماعيا، عندما تتجاوز حدودها الطبيعية في النفس البشرية.

العنف من منظور سسيولوجي:

يقوم الباحث في هذا الجزء من المعالجة العلمية لموضوع الدراسة بالتحليل السسيولوجي لسلوك العنف من خلال ثلاث نظريات هي:

1- نظرية التفاعل الاجتماعي.

2- نظرية الضبط الاجتماعي.

3- نظرية الإحباط – العدوان.

١- نظرية التفاعل الاجتماعي والعنف:

يرى أصحاب نظرية التفاعل الاجتماعي أن العنف سلوك متعلم، أو سلوك يتم تعلمه من خلال عملية التفاعل الاجتماعي،[١٢] فالناس يتعلمون سلوك العنف بنفس الطريقة التي يتعلمون بها أي نمط أخر من أنماط السلوك الاجتماعي، وهناك كثير من الأدلة التي تؤكد أن سلوك العنف يتم تعلمه عن طريق عملية التنشئة الاجتماعية التي تقوم بها المؤسسات المختلفة للتنشئة الاجتماعية كالأسرة، والمدرسة، وجماعة الرفاق أو ثلة الأصدقاء وغيرها.

وحيث إن سلوك العنف يتم تعلمه داخل الأسرة بطريقة مباشرة كالأسرة المتصدعة أو المتهاوية وذلك عن طريق المثل أو القدوة من خلال أعضاء الأسرة كالأب أو الأخ مثلا وأيضا في حالة مشاهدة الأبناء للصراعات وسلوك العنف من جانب أفراد الأسرة تجاه أفراد من أسر أخرى، مثل حالة التشاجر مع الأسر الأخرى والأفراد الآخرين، في مثل هذه الحالات يزداد احتمال اكتساب الأبناء

لنمط السلوك العنيف. وقد يكتسب الأبناء هذا السلوك العنيف ويتعلموه بطريقة مباشرة عندما يتعلمون معايير وقيم سالبة معينة تعتبر العنف على أنه شئ طيب في مواقف محددة، ويشعرون بأن العنف هو وسيلة لحل المشكلات والصراعات في حياتهم، وهو الطريقة الوحيدة لإشباع الرغبات والحصول على الاحتياجات وأنه ضروري للمعيشة والنجاح في الحياة من وجهة نظرهم.

وعلى ضوء نظرية التفاعل الاجتماعي هذه يمكن تجنب العنف عن طريق عدم تعلمه، وبالتالي يمكن التخفيف من حدة العنف والسلوكيات العنيفة داخل المجتمع، عن طريق تغيير محتوى أو مضمون عملية التنشئة الاجتماعية داخل الأسرة بإحداث بعض التغييرات الثقافية، وكذلك إعداد بعض البرامج القومية الفعالة لعلاج مشكلة العنف من خلال المدارس ووسائل الإعلام المختلفة خاصة المرئية منها لتأثيرها القوى والفعال، حيث إن «معظم بحوث الإعلام المتعلقة بالتأثير السلوكي تركز على التأثير السلبي لوسائل الإعلام المتمثل في خلق وتدعيم أنماط السلوك غير المقبول اجتماعيا، وبالذات تأثير التعرض للعنف في وسائل الإعلام على (إيجاد) وتعليم أنماط السلوك العدواني»... وأثبتت الدراسات بما لا يدع مجالا للشك وجود علاقة السببية بين التعرض للعنف وزيادة وتدعيم السلوك العدواني للمتعرض[١٣] لسلوك العنف. ومن الجدير بالإشارة أن العنف «جزء أساسي من الفن الإعلامي وبالذات فن الدراما التليفزيونية فهو جزء من الحياة الإنسانية ذاتها، والمشكلة الأساسية ليست هي العنف الذي يعكس الصراع الإنساني الذي لا يخلو منه عصر، ولا مكان يقطنه الإنسان، بل إن المشكلة (تكمن) في العنف التجاري، أي العنف الذي يتم تعليبه في وسائل الإعلام ليساعد (ويروج) بيع محتوى تلك الوسائل كسلعة تجارية والمشكلة هي في العنف (المعلب أو المغلف)... المشكلة في تقديم العنف في وسائل الإعلام لمجرد الإثارة والتسلية، مثل هذا

العنف قد ينقلب في نهاية التسلية والإثارة إلى واقع مؤلم [١٤] بفعل التأثير السلبي القوى والفعال لوسائل الإعلام في تجسيد العنف بأنماطه السلوكية المختلفة، وتبدلاته الوضعية عبر المشاهد المختلفة لسلوك العنف. ومن المؤسف أن العنف قد أضحى مكونا أساسيا من مكونات الترفيه في أدب الأطفال والأدب العالمي وصناعة السينما».

2- نظرية الضبط الاجتماعي والعنف:

ترى نظرية الضبط الاجتماعي[١٥] أن العنف يعتبر استجابة للبناء الاجتماعي، حيث يظهر العنف عندما يفشل المجتمع في وضع قيود وضوابط محكمة على أعضائه. بمعنى أن العنف يظهر نتيجة لضعف البناء الاجتماعي وخلوه من القيود والضوابط الاجتماعية المحكمة لضبط سلوك الأفراد في المجتمع.

ويذهب أصحاب نظرية الضبط الاجتماعي إلى أن خط الدفاع الاجتماعي الأول بالنسبة للمجتمع يتمثل في معايير الجماعة التي لا تشجع على العنف، وترفضه، لأنه سلوك غير مقبول ومستهجن اجتماعيا، فالأسرة التي تفشل في ضبط سلوك أفرادها يتم ضبط سلوكهم عن طريق الشرطة والخوف من القانون وعقابه الرادع. أى عن طريق وسائل الضبط الاجتماعي الرسمية وعندما تفشل هذه الوسائل الرسمية للضبط الاجتماعي يظهر السلوك العنيف في المجتمع، ويسود بين أفراده في صورة مظاهر وأنواع مختلفة للعنف.

3- نظرية الإحباط - العدوان والعنف:

ترى هذه النظرية أن الإحباط كثير ما يؤدى إلى العنف[١٦]. ويظهر العنف لدى الأفراد في المجتمع نتيجة إحساسهم بعدم العدالة وعدم المساواة، أي

إحساسهم بالظلم الاجتماعي داخل المجتمع. ومن ثم يكون العنف في هذه النظرية راجعا إلى البناء الاجتماعي، فالمجتمعات الفقيرة والمتخلفة يشعر سكانها بالإحباط، ويرغبون في جمع السلع والمواد الغذائية وكل ما يلزمهم في حياتهم ومعيشتهم، ولكنهم لا يستطيعون الحصول على كل ما يرغبونه بطريقة شرعية، لذا فهم يشعرون بالإحباط، ونتيجة لشعورهم بالإحباط يظهر لديهم سلوك العنف والعدوان في حياتهم وتنتشر بينهم ثقافة العنف، كثقافة فرعية لمجتمعات الفقر والتخلف التي يعيشون فيها. ويصبح العنف من أساليب حياتهم وسلوكا طبيعيا في معيشتهم، ولا ينظرون إلى العنف على أنه تصرف غير أخلاقي ولا يشعرون بأنه سلوك مستهجن، كما لا يشعرون بالذنب نتيجة عدوانهم على الآخرين.

أنواع العنف:

يتم تصنيف العنف وتنويعه إلى أنواع عدة، ويتطلب الأمر التفرقة بين هذه الأنواع على الوجه التالي:

١- من حيث الشرعية:

أ - عنف شرعي.

ب- عنف غير شرعي.

أ- العنف الشرعي (Legitimate Violence):

فهو العنف الذي يشرعه القانون وتقره سلطات الدولة لاستقرار النظام واستتباب الأمن والمحافظة على هيبة الدولة، ومثال هذا النوع عندما يقوم أحد رجال الشرطة أو مجموعة منهم، باستخدام القوة ضد أحد الأفراد (كدفع أو طرح أحد المجرمين على الأرض) وإن هذا النمط من السلوك ضروري في مقاومة

المجرمين أو الخارجين على القانون أو النظام في المجتمع. وهذا هو المقصود بالعنف الشرعي. أي العنف المقبول قانونا ومن ثم لا يرتب القانون على من يقترفه عقابا، وتستخدم سلطة الدولة العنف بطريقة شرعية لحماية الشرعية القانونية والنظام في المجتمع(١٧) واستخدام القوة واستعمال السلاح والقنابل المسيلة للدموع في فض الشغب وقمع المظاهرات وتفريق المتظاهرين لعودة السكينة والنظام واستتباب الأمن. وكذلك مداهمة رجال الشرطة لوكر من الأشرار والمجرمين أو الخارجين على القانون. وكذلك هدم البناء المقام على أرض زراعية تنفيذا للقاعدة القانونية التي تحظر وتجرم البناء على أرض زراعية وغيرها.

ب- العنف غير الشرعي (Illegitimate Violence)

وهو العنف الذي لا يحميه ولا يقره القانون، عكس العنف الشرعي، فعندما يقوم أحد أفراد المجتمع بضرب أو طرح فرد أخر على الأرض، فإن ذلك السلوك يعد ممارسة لسلوك عنيف يعاقب عليه القانون. كمن يحدث بآخر كدمة أو جرح أو كسر وغير ذلك.

٢- من حيث القائم بالعنف (الفاعل):

أ - عنف فردى.

ب- عنف جمعي.

أ- العنف الفردي: (Individual Violence):

وهو العنف الذي يقوم به أحد الأفراد، مثل قيام فرد بضرب فرد آخر، أو قتله، أو شتمه وسبه أثناء غضبه. وهو عنف فردى لأنه يحدث بين الأفراد في حياتهم اليومية.

ب- العنف الجمعي: (Collective Violence)

ويتمثل هذا النوع من العنف في حالة الإرهاب أو الحرب[١٨] حيث تقوم جماعة في مواجهة جماعة أخرى.

٣- من حيث نوع الضرر:

أ - عنف مادي.

ب- عنف معنوي.

أ- العنف المادي:

كالضرب والجرح والقتل، وغيره مما يؤذى البدن وسلامة الجسد.

ب- العنف المعنوي:

كالشتم والسب، وغيره. مما يؤذى النفس والاعتبار والمكانة في المجتمع.

وهناك تصنيف آخر من وجهة نظر (Guerra & Tolon) ١٩٩٤ حيث يتفرع العنف إلى أربعة أنواع هي: [١٩]

1- **العنف الموقفي:** وهذا النوع من العنف ينتج من عوامل موقفية معينة، تسهم وتضخم من العنف، مثل الفقر وإدمان الكحول والمخدرات، وجماعة الرفاق أو الشللية، وسهولة الحصول على الأسلحة وتداولها.

2- **عنف العلاقات بين الأفراد:** وينتشر هذا النوع من العنف بين المراهقين، وينشأ من المشاحنات والمشاجرات الشخصية بين الأفراد في علاقاتهم بعضهم البعض.

3- **العنف السلبي الضار:** وهذا النوع من العنف يكون جزءا من جريمة، أو سلوك غير مقبول اجتماعيا ، من أمثلة ذلك الجرائم المختلفة، من قتل وسرقة، وسب وقذف وغيرها.

4- **عنف الأمراض النفسية:** وهذا النوع من العنف يكون أكثر انحرافا، وتكرارا من الأنواع السابقة، ويرجع هذا النوع إلى خلل في الجهاز العصبي أو صدمة نفسية حادة.

مظاهر العنف لدى الطلبة:

يمكن تصنيف تلك المظاهر إلى مظاهر عالمية ومظاهر محلية.

أولا: المظاهر العالمية:

يتضح من التقرير السنوي لليونيسيف ١٩٩٩ (وضع الأطفال في العالم - التعليم) أن العنف وفق العديد من التقارير هو من المشكلات الرئيسية في مدارس البلدان الصناعية، كما هو في كل أنحاء العالم، فيقوم أطفال مسلحون بإطلاق النار على المعلمين وعلى أقرانهم من الطلاب،... فالأطفال في المملكة المتحدة على سبيل المثال غالبا ما يجرى التذمر عليهم من قبل أطفال آخرين في ساحة (فناء) المدرسة، وفي سنة ١٩٩٥ تعرض ٤% من الطلاب الأمريكيين البالغة أعمارهم (١٢-١٩) عاما لحوادث عنف في المدرسة، وفي السويد تذكر التقارير أن هناك في المتوسط ١٥٠٠ فتى و٥٠٠ فتاة يحتاجون إلى العناية الطبية في كل صف مدرسي من جراء هجوم الطلبة الآخرين عليهم،[٢٠] أي نتيجة العنف والاعتداء عليهم من أقرانهم. وتتبدى مظاهر العنف في الولايات المتحدة الأمريكية في حمل الطلبة لأسلحة نارية وهم ذاهبون إلى المدارس يوميا، واعتدائهم بإطلاق الرصاص على زملائهم وعلى مديري المدارس، وعلى معلميهم، وحدثت حوادث قتل جماعية. وفي انجلترا يتكرر نفس الشيء، وفي اليابان يحمل الطلاب السلاح الأبيض وهو منتشر في عدد من المدارس.[٢١]

ومن ثم يمكن القول إن العنف لدى الطلبة يكاد يكون ظاهرة عالمية ترتبط بالشباب في مختلف الدول والبيئات، ولا يكون قاصرا على دولة بعينها ولا بيئة محدده بالذات.

مظاهر العنف لدى الطلبة في أمريكا:

لقد أصبحت ظاهرة العنف في المدارس الثانوية الأمريكية والسلوك الفاضح للطلبة، من المشكلات الشائعة، ويجتهد رجال الإدارة وصانعي السياسة أنفسهم لإيجاد الوسائل التي يواجهون بها هذه المشكلات، وهذه الحالات من سوء السلوك ويقال إنها في زيادة مستمرة فالطلبة يتحدثون بصوره غير لائقة، ويثورون في عصبية ويتركون حجرات الدراسة، ويسخرون أو يمزحون من ومع زملائهم، وفي هذه الأثناء تقع أحداث العنف ولا ينتظر من الطلبة في مثل هذه الحالات أن يحترموا كل منهم الآخر، أو أن يحترموا معلميهم ومشرفيهم، وكثيرا جدا ما تقع المشاجرات والاقتتال بينهم، ويقع البعض صرعى، حيث يأتي الطلبة إلى المدرسة ومعهم أسلحة بيضاء وأسلحة نارية، ويتزايد إطلاق النيران بشكل عشوائي وانتقامي، والشاهد على ذلك السلسلة الأخيرة من أعمال القتل المتعددة في المدارس. ولقد تعرض المعلمون للتهديد والإصابات بل والقتل في عدد من الحالات التي انتشرت، وظاهرة العنف ليست في مدرسة بعينها أو في منطقة معينة أو في وسط أو بيئة اجتماعية واقتصادية معينة، بل يشيع العنف وينتشر في جميع المدارس الأمريكية بشكل وبائي، حتى إنه أصبح هدفا قوميا من أهداف التعليم أن تكون المدارس آمنة. وخالية من العنف والمخدرات.[٢٢]

ولقد وصل العنف بين الشباب في الولايات المتحدة الأمريكية إلى ظاهرة مرضية حيث ارتفعت نسبة المقبوض عليهم أقل من ١٨ عاما بين عامي (١٩٨١-

١٩٩٠) إلى نسبة ٦٠% بالنسبة لجرائم القتل،... كما ارتفعت نسب المقبوض عليهم من الأحداث في جرائم الاغتصاب والهجوم إلى ٦٥% (المكتب الفيدرالي للتحقيقات ١٩٩١) ومعظم جرائم العنف التي ارتكبها الأحداث ارتكبت في المدارس القومية... أي في المدارس الحكومية.(٢٣)

ولقد أوضحت دراسة (Bryson) (١٩٩٥) أن مظاهر العنف لدى الطلبة والسلوكيات المصاحبة له في المجتمع الأمريكي تتمثل في:

الاعتداء على المعلمين والذي تزايد عن الحد في الخمس والعشرين سنة الأخيرة، وإشعال الحرائق داخل المدارس، والتخريب المتعمد للممتلكات والأثاث، والتعدي على القوانين واللوائح المدرسية، وعدم احترامهم للقانون يرجع إلى افتقارهم إلى العقاب القانوني الرادع، وتعاطي الطلبة للمخدرات، وكسر إشارات المرور، وتكوين العصابات من بين مجموعات الشباب، وحمل الأسلحة واستخدامها. (٢٤)

مظاهر العنف لدى الطلبة في الأرجنتين:

تتمثل مظاهر العنف لدى الطلبة في الأرجنتين في الخروج على النظام وعدم الانضباط، إثارة الفوضى والشغب داخل المدارس خاصة في آخر العام الدراسي، كما تتمثل تلك المظاهر أيضا في عدم احترام المعلمين ومساعديهم، وكذلك في عدم احترام المديرين. لذا يكون على الطلاب في الأرجنتين إظهار الاحترام الواجب للمعلمين ومساعديهم، وللمديرين، وإلا تعرضوا للإنذارات والإيقاف الفوري عن الذهاب إلى المدرسة. ويشمل الإنذار اسم الطالب وأسباب العقاب والإجراء الذي تم اتخاذه ضده، ويرسل الإنذار إلى والد الطالب أو المسئول والمتولي أمره للعلم والتوقيع بذلك. وعندما يتجمع ٢٥ نقطة إنذار ضد الطالب

يوقف عن الذهاب إلى المدرسة، وعليه يمر بعملية اختبار شامل قبل أن يقبل مرة ثانية كطالب في المدرسة.[٢٥]

مظاهر العنف لدى الطلبة في المكسيك:

لقد أوضح فيرلان Furlan (١٩٩٨) أن مظاهر العنف لدى الطلبة كما أشار إليها المعلمون والمستشارون والإداريون، تتمثل في: الاعتداء على المعلمين وعدم احترامهم وضربهم، ويتخذ أشكالا عدة من قذف بالحجارة أو الفاكهة الفاسدة، وتحدى المعلم للنزال، وأحيانا الاعتداء الجسدي على المعلم، كما تتمثل أيضا في الاعتداءات اللفظية على المعلمين، وكذلك في اقتحام المدرسة والهجوم عليها، والحضور المتأخر، وعدم حضور الدرس بالرغم من التواجد على أرض المدرسة، وعدم الالتزام بالقواعد والنظم المدرسية، ويظهر ذلك في طريقة الكلام غير اللائقة، والملبس غير المناسب وعدم الهندام، واللغة البذيئة، ومرور الطلاب على الأماكن سيئة السمعة واكتسابهم العادات السيئة مثل الكتابة على الجدران وتناول الكحول، وحيازة العقاقير والمخدرات واستخدامها في المدارس، وحمل الأسلحة البيضاء والمسدسات، والتخريب المتعمد لمباني المدرسة وأثاثها، فالأبواب المكسورة والكراسي المحطمة والمراوح المهشمة والجدران المشوهة يعد جزءا من الحياة اليومية، وقد تجد طالبا يكتب على الجدران وآخر يلقى بالكرسي أو حقيبة زميله من الطابق العلوي بالمدرسة، وليس غريبا أن ترى طالبا عنيدا أحدث فرقعة نارية أو قنبلة دخان أثناء الامتحانات فيتسبب في إيقاف الامتحانات أو تعطيلها. كما تتمثل مظاهر العنف لدى الطلبة في المكسيك في المعارك بين الطلبة، وتختلف من مجرد التشابك بالأيدي إلى استخدام آلات حادة، وإما أن تكون بشكل فردى أو شكل جماعي، وتختلف أسبابها من حب فرض السيطرة إلى معاكسات للبنات، وأحيانا

منهم، يجمعها وصف واحد بأنها سلوك عنيف. وهكذا تجسد ثقافة العنف لدى الطلبة بالمدارس الثانوية قيمة القوة وتدحض قيمة العقل، فالطالب الذي يعتدي على زميله أو علي معلمه لا يعرف أن عقله يمكن أن يكون سلاحا أكثر قوة من جسده، وأنه لا يدرك أن تنمية عقله بالعلم والمعرفة وشحذ قوته العقلية لتحقيق التفوق والإنجاز العلمي، إنه بذلك يضيف إلى قوة أمته قوة.

ويوضح تقرير المجلس القومي للتعليم في دورته الخامسة والعشرون (١٩٩٧-١٩٩٨) أن العنف بين الطلبة له مظاهرة الخاصة، فهو قد يبدو في صورة اعتداء من الطلبة على زملائهم ممن يخالفونهم الرأي أو الفكر أو العقيدة، كما يظهر في صورة تحطيم لأثاث المدرسة، أو اعتداء على المدرسين وأعضاء الهيئة الإدارية بالمدرسة، أو الانضمام إلى بعض التنظيمات والجماعات المنحرفة (وتكوين العصابات) أو حالات الغش الجماعي، وغيرها. (ويستطرد التقرير) في أن كثيرا من الدراسات والبحوث قد أوضحت أن هناك كثيرا من المظاهر السلوكية السلبية لدى.. الطلبة في هذا العمر (١٥-١٨سنة) فهناك مشكلات مرتبطة بالعنف وأخرى مرتبطة بالتعدي على القوانين والأعراف مثل التعدي على لوائح المرور وقواعده أو لوائح الانتظام في المدرسة، وأخرى مرتبطة باللامبالاة وضعف الانتماء وغياب الدافع عن أداء بعض الأعمال، كما تظهر مشكلات سلوكية في صورة رفض للأنماط الاجتماعية السائدة والتقاليد الراسخة، أو في صورة محاولات للكسب السريع غير المشروع الذي يترتب عليه سلوكيات تكشف عنها صفحات الجريمة في الصحف والمجلات.[٢٩]

ويؤكد السيد وزير التربية والتعليم وجود ظاهرة العنف لدى الطلاب ويقول: «اليوم ظاهرة العنف لا نستطيع أن ننكرها... حوادث تقع وهي ليست

خاصة بمصر فقط... فحوادث العنف كثيرة في كل مكان، في مصر تحدث بعض الحوادث إنما أكاد أقول إننا أقل من غيرنا بكثير... (ويستطرد السيد الوزير): نحن لا نقر العنف لا من المدرسين على الطلبة، ولا من الطلبة على المدرسين... وأي حادث عنف يرتكبه الطلاب ضد مدرسيهم سواء كان اعتداء بالقول أو بالفعل...»[٣٠] وبذلك تتمثل مظاهر العنف لدى الطلبة في صورة اعتداء بعضهم على بعض، أو اعتدائهم على معلميهم بالقول كالسب والشتم أو بالفعل كالضرب مثلا !

حجم ظاهرة العنف لدى الطلبة في مصر:

لقد شغلت ظاهرة العنف لدى الطلبة بعض السادة نواب الشعب، واهتموا بها، وتقدم أحدهم (رجب هلال حميدة) بطلب إحاطة موجه إلى السيد وزير التربية والتعليم عن ظاهرة العنف الطلابي داخل المدارس، ومعرفة خطة الوزارة وما اتخذته من أساليب علاجية ووقائية لمحاصرة الظاهرة.

والذي دفع السيد النائب إلى تقديم هذا الطلب يقول: «هو متابعة بعض الأعضاء في المجلس الموقر من أعضاء الحزب الوطني والمعارضة والمستقلين... وما ذكره الزملاء عن بعض الأحداث في مدينة الإسكندرية.. وما ينشر في الصحف ... حيث نشرت جرائد الأحرار والوفد والأهرام والأخبار والجمهورية كل هذه الصحف تكلمت ونشرت عن هذه القضية. (يقصد العنف لدى الطلاب)

ويستطرد السيد النائب قائلا: بل إن تقرير الأمن العام هو تقرير من جهة سيادية تتابع الأمر وترقبه جيدا، يؤكد تقرير الأمن العام أن هناك ثمانية عشر طالبا

توجه إليهم جرائم القتل وثمانية عشر طالبا متهمون (بالفتونة). وهناك مائة وأربعون قضية شغب مسجلة ضد الطلاب في عام واحد لقيامهم بهذه الأعمال، وهناك طلاب في الفيوم (عشرون طالبا بمحافظة الفيوم) أوقفوا القطار لأنهم تشاجروا من أجل فتاة، وتصادف وجود أحد رجال الشرطة السريين داخل القطار فعندما أراد أن يتعامل معهم ما كان منهم إلا أن ضربوه بالمطواة... وهؤلاء الطلاب قاموا بتعطيل القطار رقم (١٤٣) القادم من الفيوم إلى القاهرة نتيجة تشاجر عشرون طالبا من مدرستي الفيوم التجارية والثانوية الصناعية، ويستطرد النائب ويقول: وفي طنطا قام طلاب إحدى المدارس الثانوية تجاوبا مع زميل لهم بضرب أستاذ أمام زملائهم من الطلاب، وأيضا في نفس المسلسل ونفس الإطار طالب اسمه (وليد كامل) لقي مصرعه بسبب اعتداء زميل له بمدرسة بورسعيد الثانوية الصناعية.

ويقول النائب هناك أمور كثيرة جدا في مدرسة الطبري شيراتون، وفى مدرسة طلعت حرب، استخدمت فيها المطاوي والسنج، وتمكنت المباحث من ضبط خمسة عشر طالبا متهما والذي قام بالتحقيق... المحامى العام الأول لنيابات القاهرة، وانتهى النائب من كلامه قائلا الموضوع جد خطير[٣١]

وخلاصة القول: إنها ثقافة عنف وكراهية وانتقام أعمى وبغض للإنسان وقمع لحقوقه وحقوق المجتمع في حياة آمنة.

ويتضح من تحليل الإحاطة الموجه من السيد النائب إلى السيد وزير التربية والتعليم أن:

1- ظاهرة العنف لدى الطلبة شغلت اهتمام الرأي العام والأحزاب السياسية أغلبية ومعارضة وأصبحت قضية متداولة.

2- كما شغلت اهتمام الصحافة والجرائد المختلفة من قومية وحزبية وأصبحت قضية رأى عام.

3- كما شغلت أيضا اهتمام المؤسسة التشريعية والمؤسسة الأمنية.

4- الفعل الإجرامي المكون لظاهرة العنف لدى الطلبة تنوع بين القتل، والضرب، والفتونة، أو البلطجة، وتعطيل سير القطارات.

5- أعداد الطلاب الذين تم القبض عليهم وتم التحقيق معهم بلغت (١٨، ١٨ ٢٠، ٢٠،١٥) طالبا +١٤٠ قضية شغب مسجلة ضد الطلاب لقيامهم بأعمال عنف.

6- الأدوات والوسائل المستعملة في العنف لدى الطلاب تتراوح بين المطاوى والآلات الحادة وغيرها.

7- العنف لدى الطلبة لم يعرف بيئة معينة دون أخرى، بل امتد إلى مدارس في بيئات وأماكن مختلفة (الإسكندرية، الفيوم، بورسعيد، القاهرة، طنطا) والأكثر من ذلك في بيئات وأحياء راقية (مدرسة الطبري شيراتون، ومدرسة طلعت حرب، مدينة نصر).

8- تنوع فئات المجني عليهم في العنف لدى الطلبة (الطلاب، المعلمين، المال العام)

9- يغلب على ظاهرة العنف لدى الطلبة طابع العصابات، حيث لم يرتكب الفعل الإجرامي والسلوك العنيف طالب بمفرده بل مجموعة من الطلاب.

10- السلوك العنيف المكون لظاهرة العنف لدى الطلبة يظهر لدى الطلبة دون الطلبات لأن السلوك العنيف يشيع ويظهر بين الذكور دون الإناث، أو يظهر بين الذكور أكثر مما يظهر بين الإناث.

ومن هذا التحليل المتنوع لطلب الإحاطة السابق يمكن القول: إن موضوع العنف لدى الطلبة موضوع جد خطير، تكمن خطورته في أنه صادر من طلاب علم وأخلاق وبالحجم والتنوع والمظاهر السابقة، كما تكمن خطورته في عرقلة العملية التعليمية وعدم تحقيق المدرسة لأهدافها في التعليم والتربية، ومن ثم يكون هذا الموضوع في حاجة ملحة وشديدة إلى تضافر جهود مجتمعية ومؤسسية كثيرة لاحتواء تلك الظاهرة الشاذة عن طبيعة المجتمع المصري، والتغلب عليها ويصبح هؤلاء طلاب علم وأخلاق بالفعل.

موقف وزارة التربية والتعليم من العنف لدى الطلبة:

يعد العنف لدى طلبة المدارس الثانوية تحديا يواجه السياسة التعليمية والمسئولين عنها في مصر، كما يعد تحديا يواجه مديري المدارس الثانوية وهيئات التدريس والإشراف بها، كما يعد تحديا أيضا يواجه التلاميذ أنفسهم ويقلق مضاجع أولياء أمورهم.

ويتبين من تعقيب وزير التربية والتعليم (الدكتور حسين كامل بهاء الدين) ورده على طلب الإحاطة الموجه إليه من النائب، موقف الرفض من جانب الوزارة للعنف بالمدارس حيث يقول السيد الوزير: «نحن لا نقر العنف لا من المدرسين على الطلبة ولا من الطلبة على المدرسين» ويستطرد سيادته موضحا سياسة الوزارة وموقفها المتشدد تجاه أحداث العنف، فيقول: «الوزارة تأخذ موقفا شديدا تجاه أحداث العنف التي حدثت في مدينة نصر، تم فصل عشرين طالبا فصلا نهائيا من كل أنواع التعليم نتيجة اشتراكهم في هذا الحادث، وأي حادث عنف يرتكبه طلاب ضد مدرسيهم سواء كان اعتداء بالقول أو بالفعل، ليس له من عقاب إلا الفصل النهائي من التعليم. ومنذ بداية العام الدراسي (١٩٩٨ - ١٩٩٩)

تم فصل ٩٠ طالبا لاعتدائهم على مدرسيهم، ولا يمكن أن تقر الوزارة اعتداء أي طالب على معلمه بأي شكل من الأشكال»[٣٢].

ولهذا أصدر السيد وزير التربية والتعليم تجاه تلك الظاهرة الطلابية المؤسفة القرار الوزاري رقم ٥٩١ لسنة ١٩٩٨ (٣٣) بشأن منع العنف في المدارس ويتبين من تحليل محتواه أنه يتكون من الديباجة وخمس مواد، وأوضحت الديباجة الحفاظ على قدسية العملية التعليمية، وجاء ت مادته الأولى متضمنة الحظر المطلق في جميع مدارس التعليم قبل الجامعي (ومدارس التعليم الخاص) إيذاء الطالب بدنيا بالضرب على أي وجه أو بأية وسيلة، ويكون توجيه الطلاب ومتابعة أدائهم ونشاطهم قاصرا على استخدام الأساليب التربوية.

وتضمنت المادة الثانية من القرار السالف عقوبة الفصل النهائي لكل طالب يثبت اعتداؤه على أحد من المعلمين أو هيئات الإشراف في جميع المدارس في المادة الأولى. وهى مدارس التعليم قبل الجامعي العام والخاص، وجاءت المواد التالية متضمنة جوانب المسئولية الكاملة لتنفيذ هذا القرار، والمسئولية التأديبية لمخالفة أحكامه، وسريانه والعمل به من تاريخ نشره.

ولكن يلاحظ أن المادة الأولى من هذا القرار لم توضح الأساليب التربوية الواجب استخدامها تحديدا في توجيه الطلاب ومتابعة أدائهم ونشاطهم.

هوامش الفصلين الأول والثاني

١- جين-كلود: تاريخ العنف (في) المجلة الدولية للعلوم الاجتماعية - ظاهرة العنف العدد ١٣٢ اليونسكو، ص ٥١.

٢- محمد السيد أبو المجد عامر: دراسة مقارنة للعوامل المؤدية للعنف في البيئة المدرسية وكيفية التخفيف من حدتها من منظور الخدمة الاجتماعية في كل من الريف والحضر. مجلة العلوم النفسية والتربوية، (تصدرها كلية التربية جامعة المنوفية) العدد الثالث السنة ١٣، ١٩٩٨، ص ١٢٥.

٣- طلعت إبراهيم لطفي: التنشئة الاجتماعية وسلوك العنف عند الأطفال - دراسة ميدانية لمجموعة من التلاميذ في مرحلة التعليم الابتدائي لمدينة بنى سويف، (في) علياء شكري: الأسرة والطفولة - دراسات اجتماعية، وانثروبولوجية ط ١، دار المعرفة الجامعية، الإسكندرية، (ب - ت).

٤- محمد السيد أبو المجد عامر: دراسة مقارنة للعوامل المؤدية للعنف في البيئة المدرسية، (مرجع سابق).

٥- محمد السيد حسونة: بعض المشكلات السلوكية لدى طلاب المرحلة الثانوية، (ظاهرة العنف)، المركز القومي للبحوث التربوية والتنمية، شعبة بحوث المعلومات التربوية، القاهرة، ١٩٩٩.

٦- ديوبولدب فان دالين: مناهج البحث في التربية وعلم النفس، (ترجمة محمد نبيل نوفل وآخرين)، الأنجلو المصرية، القاهرة، ١٩٨٣. ص ٣١٢ وما بعدها.

وغريب محمد سيد أحمد: تصميم وتنفيذ البحث الاجتماعي، دار المعرفة الجامعية، الإسكندرية، ص ٢٢٤.

وعبد الباسط محمد حسن: أصول البحث الاجتماعي، ط٥، مكتبة وهبة، القاهرة، ١٩٧٦، ص ٢٢٤.

٧- جمهورية مصر العربية – مجمع اللغة العربية: المعجم الوجيز – ١٩٩٩. ص ٤٣٧

8- Clark, Christine: The violence that Creates School dropouts in Multicultural Education, Vol. 6 (No. 1 Fall 1998) P. 19-22

٩- طلعت إبراهيم لطفي: التنشئة الاجتماعية وسلوك العنف، (مرجع سابق) ص ١٨٢

١٠- محمد عرفه: التأثير السلوكي لوسائل الإعلام.

١١- توماس بلات: مفهوم العنف (في المجلة الدولية للعلوم الاجتماعية)، ظاهرة العنف (مرجع سابق) ص ١٩.

١٢- طلعت إبراهيم لطفي: التنشئة الاجتماعية وسلوك العنف (مرجع سابق) ص ١٨٦.

١٣- محمد عرفه: التأثير السلوكي لوسائل الإعلام.

١٤- المرجع السابق.

١٥- طلعت إبراهيم لطفي: التنشئة الاجتماعية وسلوك العنف (مرجع سابق) ص ١٨٩

١٦- المرجع السابق.

١٧- المرجع السابق، ص ١٨٣.

١٨- المرجع نفسه.

19- Meyer, Aletal.S Fareell. Allort D: Social Skills Training to promote Violence in Urban Sixth Grade Students in (Education and treatment of children, Vol. 21, No. 4, Nov, 1998), P. 461 - 46

٢٠- اليونيسيف: تقرير وضع الأطفال في العالم - التعليم ١٩٩٩. ص ١٧.

٢١- مجلس الشعب: (الفصل التشريعي السابع - دور الانعقاد الرابع) مضبطة الجلسة الستين (١٨ ابريل ١٩٩٩)، ص ٢٣.

٢٢- برادي أ. ليفنون: الانضباط ورؤية من المستويات الأدنى، حجج الطلبة ومنطقهم لعدم الانصياع في المدارس الثانوية في الولايات المتحدة، (ترجمة) أسعد حليم، مجلة مستقبليات العدد (١٠٨)، مراقبة الانضباط في المدرسة، مجلد ٢٨، عدد ٤، ديسمبر ١٩٩٨، اليونسكو، ص ص ٦٠٣ - ٦٠٤.

23- Meyer, Aleta L.S Farrel, Allort D: Social Skills Training to promote Violince in Urban Sixth Grade Students, Op,Cit.

٢٤- محمد السيد حسونة: بعض المشكلات السلوكية، (مرجع سابق)، ص ص ٤-٥

٢٥- ماريانو نارودوسكى: نظام الإنذارات لعلاج سوء السلوك في المدارس الثانوية بالأرجنتين، (ترجمة مجدي مهدي)، مجلة مستقبليات، العدد ١٠٨، مجلد ٢٨، اليونسكو، ديسمبر ١٩٩٨، ص ص ٥٥١-٥٥٥-٥٥٦.

٢٦- محمد السيد حسونة: بعض المشكلات السلوكية، (مرجع سابق)، ص ٦.

٢٧- الفريد فيرلان: مشكلات الانضباط في النظام المدرسي في المكسيك (ترجمة) بهجت عبد الفتاح عبده، مجلة مستقبليات عدد رقم ١٠٨ (مراقبة الانضباط في المدرسة، مجلد ٢٨، عدد ٤، اليونسكو، ديسمبر ١٩٩٨، ص ٥٦١.

٢٨- المجلس القومي للتعليم والبحث العلمي والتكنولوجيا: المشكلات السلوكية لطلاب التعليم الثانوي، الدورة الخامسة والعشرون، ١٩٩٧ - ١٩٩٨، ص ٢٨.

٢٩- المرجع نفسه.

٣٠- حسين كامل بهاء الدين: (وير التربية والتعليم): مضبطة الجلسة الستين، (مرجع سابق)، ص ٣٢.

٣١- مجلس الشعب: مضبطة الجلسة الستين، (مرجع سابق)، ص ص ٣١-٣٢.

٣٢- المرجع نفسه.

٣٣- القرار الوزاري رقم ٥٩١ لسنة ١٩٩٨ (بشأن منع العنف في المدارس).

الفصل الثالث

العوامل والأسباب المؤدية
إلى العنف لدى الطلبة

الفصل الثالث

العوامل والأسباب المؤدية إلى العنف لدى الطلبة

يمكن تناول العوامل المؤدية إلى العنف على الوجه التالي:

1- العوامل السيكولوجية.
2- العوامل الاجتماعية.
3- العوامل الثقافية.
4- العوامل الاقتصادية.
5- العوامل السياسية.
6- العوامل المدرسية.

1- العوامل السيكولوجية:

العنف سلوك مكتسب بالتعلم ومن ثم يقول بلنسكي (١٩٧٣) إن إساءة معاملة الآباء للأطفال ترجع إلى ما عاناه هؤلاء الآباء في طفولتهم من ألوان الحرمان، وحرمانهم بالتالي من نعمة الحب، ويجب إشباع الحاجات النفسية الأساسية لدى الطفل مثل الحاجة إلى الحب، والحاجة إلى الحنان، والحاجة إلى الإنجاز. ويقول مولاني (١٩٧٦) إن الطفل الذي يعامل بوحشية في طفولته يسعى للانتقام في شبابه بارتكاب جرائم العنف.

وتدل كثير من الدراسات على أن العدوان والعنف مكتسبان بالتعلم. اعتمادا على الدراسات العلمية للسلوك التقليدي - المكتسب بالتقليد والمحاكاة - أي أن المشاهدة تزيد من احتمال جنوح المشاهدين إلى العدوان إذا رأوا العدوان يقابل بالمكافئة لا بالعقاب. ويستخدم السيكولوجيون مصطلح العدوان «للإشارة إلى السلوكيات التي تهدف إلى إيذاء شخص آخر»[1]. ويرفض برجيوس (١٩٧٠) النظرية القائلة بأن العدوان غريزي. ويرى أن الناس يتعلمون العدوان من المعايير والاتجاهات الاجتماعية المكتسبة في المدرسة. ويرفض جراهام (١٩٦٨) القول: إن العدوان مكتسب بالوراثة ويرى أنه نتيجة للإحباط.

وباستقراء كثير من الدراسات وجد أن من بين العوامل النفسية التي تؤدى بشكل مباشر أو غير مباشر إلى ظاهرة العنف في المدارس ما يلي:

1- الإحباط والفشل المتكرر.
2- الرغبة في إثبات الذات.
3- الرغبة في السيطرة والتملك.
4- الرغبة في جذب النظر.
5- الشعور بالملل.
6- العناد.
7- التعصب.
8- الأنانية.
9- الاضطرابات النفسية.
10- وجود عاهة قد يكون لها تأثير نفسي.
11- الميل إلى الاستعراض أمام الجنس الآخر.

2- العوامل الاجتماعية:

تلعب العوامل الاجتماعية دورا فعالا في ظاهرة العنف.

حيث أوضحت دراسة crump wadsworth (١٩٩٣) «أن هناك بعض المتغيرات البيئية والاجتماعية يمكن أن تستخدم في التنبؤ باتجاهات الطلاب نحو استخدام العنف منها (العمر - النوع - الطبقة الاجتماعية التي ينتمي إليها الطالب - الأحوال البيئية المحيطة بالطالب - المنطقة السكنية إلى يعيش فيها الطالب - الحالة النفسية التي يكون عليها الطالب مثل التوتر والإجهاد. حيث أسفرت نتائج الدراسة فعالية استخدام مثل هذه المتغيرات في التنبؤ باتجاهات الطلاب»[٢] نحو العنف.

والمدرسة كمؤسسة اجتماعية لا تستطيع فصلها عن واقع المجتمع وحركته والتغيرات الحادثة فيه. من هنا نجد أن العنف هو نتاج حالة من اختلال التوازن الذي ينشا عن تطور المجتمع واتساع الفوارق الاجتماعية خاصة بعد عصر الانفتاح الاقتصادي في مصر، وظهور فوارق طبقية اجتماعية واسعة في المجتمع المصري، واتساع دائرة الفقر، مما ترتب عليه زيادة نسبة الذين يعانون من الضغوط الاجتماعية، ومن ثم زيادة القابلية للعنف، كذلك تفكك الروابط الأسرية، ووجود مجتمع غير متجانس من العوامل التي أدت إلى زيادة العنف.

ويمكن حصر العوامل الاجتماعية التي تؤدى إلى زيادة العنف في البيئة المدرسية:

1- غياب سلطة الوالدين والمعلمين أو مقاومتها.

2- المشكلات الدائمة بين الأب والأم.

3- التفريق في المعاملة بين الأبناء (الكبير أو الصغير- الولد أو البنت).

4- التدليل الزائد من قبل الأب أو الأم أو كلاهما.

5- غياب القدوة على مستوى الأسرة والمدرسة والحي والقرية.

6- ويرى البعض أن السلوك العنيف في الأساس من الوالدين والأخوين ومن الأقران الذين يشجعون ويكافئون حل المشكلات عن طريق العنف.

7- زيادة عدد أفراد الأسرة التي يتولى مسئوليتها أحد الوالدين فقط.

3- العوامل الثقافية:

يشغل نسق الثقافة والقيم مكانة محورية في بناء المجتمع، باعتبار أن القيم والمعايير المشتقة والمشتركة منها هي التي تنظم التفاعل الاجتماعي وتضبطه على هذا النحو، وتشكل قيم الثقافة مجموعة من التوجهات المشتركة بين البشر، ومن شأن هذه التوجهات المشتركة أن تشكل أساسا للتوقعات المتبادلة بين البشر في المجتمع.

بيد أن الثقافة أثناء عملية التنمية قد تتعرض لفاعلية عوامل كثيرة تضعف دورها في تنظيم التفاعل الاجتماعي.

ولما كان من أهم الأدوار التربوية للمدرسة تحمل مسئولية نقل ثقافة المجتمع للأجيال جيلا بعد جيل، وكان من الضروري مراعاة تنقية هذه الثقافة من ثقافة العنف، وإبعاد أي عوامل من شأنها إثارة أو غرس القيم والاتجاهات والأعراف المؤيدة لسلوك العنف، حتى لا تتأصل في الناشئة، وعندما تثار مسألة العنف يظهر الاتجاه إلى مهاجمة وسائل الإعلام.

فينظر إليها باعتبارها الوسيلة الرئيسية لنشر العنف، كما يعتقد بأنها مسئولة إزاء ما يترتب عليها من آثار ضخمة عن المبالغة في مفهوم العنف، وقد يكون

تعاظم الشعور بانعدام الأمن في المدن في جانب منه نتيجة للعنف في حد ذاته، إلا أنه قد يتأثر العنف بمشاهدة التليفزيون.

ومن ممارسات أجهزة الإعلام التي تؤدى إلى العنف ما يلي:[٣]

1- عرض التليفزيون لأفلام العنف المحلية أو الأجنبية.

2- انتشار شرائط الفيديو التي تحتوى على أفلام العنف وتعظم من قيمة أبطاله وممارسيه.

3- تركيز الراديو والتليفزيون على جرائم العنف في البرامج والأخبار.

4- اهتمام السينما في الآونة الأخيرة بأفلام العنف.

5- انتشار وتداول قصص العنف بين الشباب.

وهناك عوامل ترتبط بالمناخ الثقافي للمجتمع بشكل عام وبالبيئة المدرسية على وجه الخصوص، فنجد افتقار كثير من الطلاب في المدارس إلى التمسك بالقيم والعادات والتقاليد والأعراف التي استقر عليها السياق الاجتماعي الريفي والحضري، بسبب التغيرات الاجتماعية والسياسية والثقافية السريعة والمتلاحقة والتي لم يستطع المجتمع ومؤسساته التعليمية استيعابها في ذلك الوقت القصير مما أدى إلى نقص الوعي الديني والثقافي فأدى إلى العنف.

4- العوامل الاقتصادية:

تعددت العوامل الاقتصادية المؤدية إلى العنف على المستوى المجتمعي فنجد البطالة وبخاصة بين المتعلمين من الشباب والغلاء في الأسعار وتدهور مستويات المعيشة وضعف الأجهزة والمؤسسات الاقتصادية بالدولة، وعليه قد يوغر العنف

في البيئة المدرسية إلى عوامل أكثر ارتباطا بالظروف الاقتصادية والاجتماعية لأسر الطلاب ويمكن حصرها فيما يلي:

1- الفقر الذي قد يعانى منه الكثير من أسر الطلاب.

2- بطالة رب الأسرة.

3- ضعف قدرة الأسرة المادية على تحمل تكلفة التعليم.

4- قلة المصروف اليومي للطالب.

5- عدم القدرة على شراء ملابس مناسبة.

6- اختلاف المستويات الاقتصادية بين الطلاب.

7- زيادة المصروف اليومي لبعض الطلاب.

وكما هو معروف فقد تغيرت الطبقات الاجتماعية نتيجة سفر بعض الآباء إلى دول الخليج وكذلك ظهور طبقة تجار الانفتاح الاقتصادي ورجال الأعمال الجدد مما أدى إلى تغير في الأنماط السلوكية لهذه النوعية من الطلاب، مما ترتب عليه ظهور بعض المشكلات السلوكية والعنف.

5- العوامل السياسية:

يمكن حصر هذه العوامل في عدد من النقاط هي:

1- انتشار ظاهرة العنف السياسي في الآونة على المستوى العالمي والإقليمي والمحلى. هيئ المناخ لظاهرة العنف المدرسي، وأدى إلى انتشار ثقافة العنف لدى الطلاب.

2- غياب العدالة يساهم في تفجير مشاعر السخط والإحباط، والتي غالبا ما تؤدى إلى العنف خاصة بين الشباب في المدرسة.

3- ضعف الانتماء السياسي لعدم وجود مؤسسات أو أحزاب تتبنى تلك القضية المجتمعية.

4- الشعور لدى البعض بعدم تكافؤ الفرص وانتشار المحسوبية والرشوة.

5- ضعف برامج ومقررات التربية الوطنية وعدم فاعليتها في تنمية الولاء والانتماء للمدرسة والمجتمع المحلى والوطن.

6- غياب القدوة السياسية على المستوى المحلى (الريف والحضر أحيانا).

7- عدم ربط البيئة المدرسية بالبيئة المحلية من خلال الأنشطة الطلابية.

8- ضعف الأداء الديمقراطي في البيئة المدرسية والأسرية والمحلية.

6- العوامل المدرسية:

لقد أصبحت مشكلة العنف في المدارس مثلها مثل مشكلات العنف في المجتمع، إحدى قضايا التعليم الملحة، وفي كثير من المدارس تجاوز القلق بشأن العنف في العملية التعليمية كأولوية قصوى للإصلاح، ولقد أوصل التذمر العام حول الحاجة إلى ضرورة مواجهة العنف في المدارس إلى نقطة حرجة فالتهديد بالعنف أصبح يشكل مخالفة أساسية للعقد الاجتماعي بين المدرسة والمجتمع.

لذا تساهم المدارس والمعاهد في تعرض الشباب للتورط في العصابات المدرسية للعنف عندما تكون تلك المؤسسات بعيدة عن اهتمام الشباب وثقافاتهم.

وتوجد عوامل أخرى عديدة من شأنها أن تساهم في العنف في المدرسة منها:[٤]

1- الفجوة في الأفكار والخبرة بين المدرس والطالب.

2- استخدام القوة وأشكال السيطرة الزائدة من قبل الإدارة المدرسية والمعلمين.

3- سيطرة الخوف على التفاعل والعلاقة بين المعلم والطالب.

وفي ضوء استقراء الواقع والدراسات يمكن إضافة مجموعة من العوامل المدرسية منها:

4- ضعف وتسيب النظام المدرسي.

5- ضعف الإدارة المدرسية ومحاولتها إرضاء الآخرين.

6- عدم إشباع المناهج لحاجة الطلاب.

7- قلة الاهتمام بالأنشطة المدرسية المختلفة خاصة في المرحلة الثانوية.

8- الاعتداء على الطلاب بالسب أو الضرب أو كلاهما.

9- شيوع اعتداء الطلاب على بعضهم البعض.

10- عدم وجود توجيه وإشراف تربوي واجتماعي منضبط وحازم.

11- الصراع بين الطلاب بعضهم البعض.

وتختلف أسباب العنف من مجتمع إلى آخر، فعلى سبيل المثال فإن السلوك الاجتماعي لفئات الشباب من أقليات عرقية وأجناس مختلفة تحتاج إلى دراسات وبحوث لتفسيرها من خلال المحتوى الثقافي. فمثلا توجد اختلافات وتباينات عديدة في المجتمع الأمريكي إذ يحتوى على عديد من الجماعات العرقية التي تقيم به منذ سنوات بعيدة، وفي نفس الوقت ما زالت تنتمي إلى ثقافاتها التي جاءت منها مما يساعد على التباين الثقافي في المجتمع الأمريكي، والذي يحتاج في نفس الوقت إلى تشجيع وتأكيد وربما أيضا يؤدى إلى عديد من التحديات والمشكلات مثل العنف المدرسي، وتوجد بعض العناصر في النظام المدرسي التي تؤثر على

ظاهرة العنف، فالمعلمون يواجهون مشاكل في الاتصال اللفظي وغير اللفظي بينهم وبين الطلاب، مما يؤثر على مستوى التحصيل، لذا يجب تزويد المعلمين بالمعلومات والمهارات اللازمة لإنجاح العملية التعليمية لدى هذه الجماعات العرقية.

كذلك البرامج التعليمية لابد أن تراعى الاختلافات الثقافية بين الطلاب، ومن أساليب منع العنف المدرسي تشجيع السلوك التعاوني بين الطلاب وذلك من خلال تعلم المبادئ الاجتماعية والسلوك الاجتماعي القويم، وتعلم مهارات السلوك التعاوني.[٥]

وأيضا من بين الدراسات التي أجرتها مديرية التربية والتعليم بمحافظة البحيرة على عينة من ٤٤٦٠ طالبا وطالبة و٢٣٠ معلما وأخصائيا اجتماعيا و ٢٣٠ من أولياء الأمور سنة (١٩٩٨) والتي صنفت أسباب العنف إلى مجموعة أساسية هي عوامل ذاتية - عوامل أسرية - عوامل بيئية - عوامل مجتمعية - عوامل إعلامية.[٦]

وبعد عرض العوامل المؤدية إلى العنف بصفة عامة يمكن عرض ما يلي:

الأسباب المؤدية إلى ظاهرة العنف:

انطلاقا من دراسة العوامل المؤدية إلى العنف بصفة عامة تبدو الأسباب المؤدية للسلوك العدواني معقدة ومتبادلة مثل النمو، والإدراك، والمتغيرات الشخصية، والدافعية والكفاءة الذاتية، والحالة النفسية، والسلوك، والبيئة، وأطلق على هذا النموذج ثلاثية العوامل المتبادلة (الفرد والسلوك والبيئة).[٧]

ويمكن إرجاع بعض المشكلات السلوكية للطلبة للمرجعيات الآتية:

أولا - الأسرة:

الأسرة هي الوسيط الأول والأساسي في تربية وتنشئة أبنائها ومن ثم فإن دورها الفعال بجانب المؤسسات الاجتماعية الأخرى الثقافية والإعلامية والأدبية والترفيهية لا يتم بفاعلية إلا إذا كان تأثيرها في سلوك أبنائها في المواقف الحياتية المختلفة تأثيرا ايجابيا في بناء الشخصية النامية المتوازنة.[٨]

والأسرة هي الوحدة الأساسية في بناء المجتمع وهى المؤسسة الكبرى التي تتم فيها عملية التنشئة الاجتماعية، لذا فإذا صلحت أحوال الأسرة وقامت بمسئولياتها التربوية بطريقة سليمة شب الأبناء على مكارم الأخلاق وتحلوا بالقيم وأنماط السلوك السوية. ومعظم مشكلات الطلاب السلوكية ترجع إلى ضعف التربية الأسرية. فالحرمان العاطفي الذي أفرزه التغير الاجتماعي في التركيبة الأسرية أدى إلى العنف لدى الأطفال. ولقد حدثت في السنوات الأخيرة تغيرات شديدة في الأسرة المصرية أثرت على دورها التربوي، مما ساعد على ظهور المشكلات السلوكية لأبنائها من الطلاب والطالبات وتمثل ذلك فيما يلي:[٩].

1- انشغال بعض الآباء والأمهات عن رعاية أبنائهم ومتابعة سلوكياتهم وتوجيههم.

2- تفكك العلاقات الأسرية في بعض الأسر.

3- اختلاط الأدوار داخل بعض الأسر المصرية نتيجة لعوامل اقتصادية واجتماعية كثيرة.

4- زيادة المطالب الاقتصادية على الأسرة المصرية وعجز الآباء عن توفيرها.

5- الإغداق في الإسراف على الأبناء تعويضا لغياب الأب أو الأم.

6- ضعف تأثير القيم الدينية والإنسانية داخل بعض الأسر.

7- ضعف الترابط الأسرى الذي يجمع الآباء والأبناء.

ولقد أرجعت بعض الدراسات العنف إلى الظلم الذي يتعرض له الطفل (العنف المنزلي) والفقر وسهولة تداول الأسلحة، وشرب الكحوليات والمخدرات، وقد أظهرت الدراسة أن ٤٠% من الطلاب الذين قتلوا معلميهم أو زملائهم لديهم تقارير إجرامية سابقة. وأنهم غالبا ما كانوا مدمني مخدرات أو كحوليات وأعضاء في عصابات.[١٠]

وللأسرة دور مهم في مواجهة العنف باعتبارها خط الدفاع الأول ضد المثيرات الإعلامية السلبية، كما أن مقومات الشخصية الأساسية تتشكل في مرحلة الطفولة.

ويذهب نسبة من المعلمين إلى أن الأسرة أحد أسباب ظهور أو اختفاء العنف الطلابي، مشيرين إلى دور الرعاية والتوجيه والتثقيف الأسرى في صنع طالب متزن نفسيا واجتماعيا ويقولون إن الأسرة هو الوسيط التربوي الأول الذي تتكون فيه الاتجاهات الأساسية للطفل.

ومن الأسباب المؤدية إلى العدوانية نتيجة عوامل أسرية ما يلي:[١١]

أ - التعرض للإيذاء من أحد الوالدين أو من كليهما.

ب- إحساس الوالدين أنفسهما بالفشل في تربية الأبناء.

ج- اختلاف الوالدين في أسلوب تربية الطفل.

د- قلة العطف والحنو على الأبناء.

ثانيا - المدرسة:

تعتبر المدرسة أحد أهم المؤسسات التعليمية والتربوية وبها تتوسع الدائرة الاجتماعية والنفسية للطفل، والمدرسة لها دور في مواجهة العنف حسب قدرتها ونشاطها وجهدها. حيث تقوم الأسرة بالتنشئة الرئيسية الأولى، وتقوم المدرسة بالتنشئة الاجتماعية الثانية أو إعادة التنشئة. وحتى تستطيع المدرسة مواجهة ظاهرة العنف يتطلب ذلك عدة أمور منها:

- دعم المناهج التعليمية بالأسس النفسية والدينية التي تهدف إلى بناء الطفل وتعليمه.
- توجيه النشاط المدرسي بحيث يؤدى إلى تعليم الأساليب السلوكية المرغوبة.
- وضع الطفل في خبرات سلوكية سوية وذلك لتوجيه وتقويم سلوكياته.
- استخدام الأساليب النفسية المقننة للتعامل مع مشكلات الطفل السلوكية.
- التركيز في النشاطات المختلفة على الموضوعات التي تتحدث عن الخير وفوائده بمعنى استخدام الترغيب والتقليل من استخدام أساليب الترهيب.
- معاونة الطفل كي يقوم المواقف المحبطة.
- البعد عن العدوان وعن استخدام الأساليب المؤلمة مع العدوانيين من الطلبة.
- توفر القدوة الحسنة في البيئة المدرسية يساعد على اكتساب القيم الجيدة. [١٢]

والمدرسة هي المؤسسة التربوية الكبرى التي تلي الأسرة في عملية التنشئة الاجتماعية ويمكن تحديد الأسباب التي حالت دون قيام المدرسة بدورها التربوي وأدت إلى ظهور بعض الانحرافات السلوكية لدى بعض التلاميذ فيما يلي:

1- ازدحام المدرسة والفصول بالتلاميذ.

2- قلة المرافق مع زيادة أعداد التلاميذ في المدرسة الواحدة.

3- ضعف الإدارة وتراخيها أو شدتها المبالغ فيها.

4- قلة كفاءة المعلم وضعف معنوياته.

5- غياب التوجيه التربوي والنفسي.[١٣]

ثالثا - الإعلام:

يوجد تأثير مقصود وغير مقصود لوسائل الإعلام على سلوك مستهلكي تلك الوسائل، فمثلا توجد علاقة بين العنف ووسائل الإعلام خاصة التليفزيون الذي يؤثر على سلوك المشاهدين وبالتالي على المجتمع، وقد أثبتت البحوث الأمريكية ذلك. هناك علاقة بين العنف في وسائل الإعلام والسلوك العدواني[١٤] للجمهور المستقبل، فهناك سلوك عدواني مكتسب من الدراما التليفزيونية وخاصة بالنسبة للأطفال، ومن أجل قياس العنف بمقاييس مقبولة فلابد من تعريف العنف تعريفا دقيقا وقد أجمع الباحثون على التعريف التالي للعنف: بأنه تعبير صريح (Over Expression) عن استخدام القوة الجسدية (Physical Force) ضد الآخرين أو الذات لإحداث قتل أو جرح أو إصابة. وأضافت بعض التعريفات أعمال التخريب للممتلكات والحوادث غير المتعمدة، بينما ضمنت تعريفات أخرى العنف السيكولوجي مثل السب والإهانة، وضمنت عدد يكاد يكون نادرا من الدراسات الكوارث الطبيعية مثل الزلازل والبراكين والفيضانات للعنف.

وقد ثبت أن مستوى العنف في وسائل الإعلام الأمريكية التي تشكل مواردها جزءا غير قليل من محتويات وسائل الإعلام في الدول الأخرى في ارتفاع مطرد. صحيح أن مستوى العنف قد انخفض في فترات قصيرة في أوقات بث معينة خلال المدة من ١٩٦٧ إلى ١٩٧٩ بشكل عام، إلا أنه تزايد خلال تلك الفترة في

أوقات ذروة المشاهدة (Prime Time) وأثناء نهار عطلات نهاية الأسبوع ولم يقتصر الارتفاع على المستوى العام للعنف فقط بل إن عدد أحداث العنف في كل برنامج على حدة شهد هو الآخر تزايدا منذ بدأ القياس للمحتوى في التليفزيون الأمريكي بشبكاته الرئيسية ولم يهبط متوسط عدد أحداث العنف في برنامج تم دراسته عن نسبة ٤,٤ حدث منذ عام ١٩٧١.

وأخطر من ذلك هو زيادة مستوى العنف في برامج الأطفال مما ينعكس على سلوكهم وهناك عديد من الأبحاث التي أجريت على العنف في برامج التليفزيون الأمريكي وأثره على سلوك المشاهدين وكان من أهم نتائجها ما يلي:

1- أن مضمون وسائل الإعلام وعلى الأخص التليفزيون مشبع بالعنف بشكل مكثف.

2- أن الأطفال والبالغين يقضون وقتا يتزايد يوما بعد يوم في التعرض لهذا المحتوى العنيف.

3- إن هناك دلائل تؤكد الفرض القائل بأن التعرض للعنف الظاهر في محتوى المواد الترفيهية في وسائل الإعلام بالذات التليفزيون يزيد من احتمال ظهور درجة أكبر من العدوانية في سلوك الجمهور. هذه الدلائل أثبتتها كل من التجارب المعملية التي تسمح بالاستدلال السببي أو العلى، والمسوح الاجتماعية التي وفرت دلائل من واقع الحياة اليومية على علاقات الارتباط الايجابية بين المتغيرين. أي العنف الإعلامي والسلوك العدواني.

وقد أثبتت الدراسات المختلفة أن هناك علاقة سببية بين العنف الإعلامي وبين السلوك العدواني الذي يبديه الجمهور سواء تم قياس هذا السلوك بعد

التعرض مباشرة أو في مرحلة تالية من العمر، ومن الطرق التي يؤثر بها الإعلام على السلوك العدواني ما يلي:

1- التعلم بالملاحظة أو التعلم الاجتماعي والنمذجة Modeling.

2- تغيير الاتجاهات Attitude Change.

3- الاستثارة الفسيولوجية والانفعالية physiological and Emotional Arousal.

4- عمليات التبرير Justification processes.

ولا حاجة لتأكيد دور الإعلام في ظهور بعض المشكلات السلوكية لدى تلاميذ المدارس الثانوية ومواجهتها في الوقت ذاته. فالبرامج الإعلامية وخاصة التليفزيونية لها تأثير كبير من حيث إنها تقدم لهم عينة من السلوكيات السلبية مثل ما يرد في بعض المسرحيات من انحراف السلوك وضعف الإدارة المدرسية تجاه الطلاب. هذا إضافة إلى ما قد يرد من خارج البلاد من بث إعلامي عن طريق القنوات الفضائية وشبكات الانترنت وما تحمله برامج هذا البث من مثيرات لها أثرها الكبير في نفوس الشباب وسلوكياتهم والتي تتمثل في:

1- التأكيد على جوانب الاستهلاك، مما أدى إلى زيادة التطلعات المادية أو ضعف القدرة على سد هذه الاحتياجات المادية المتنامية أدت إلى نمو بعض السلوكيات المنحرفة.

2- استثارة نوازع الطلاب والطالبات من خلال ما تقدمه بعض البرامج في الصحافة والتلفزيون والأفلام من مادة إعلامية حافلة بالإثارة والعنف.

3- ضعف كفاءة البرامج التعليمية والدينية والتثقيفية، مما حد من قدرتها على جذب اهتمام الشباب والطلاب[١٥].

ويؤكد عدد من المهتمين بالسلوك العدواني عند الصغار أن التليفزيون يؤثر على مفاهيم الطفل واتجاهاته المستقبلية، وتشير بعض الدراسات إلى أن التليفزيون يؤثر على قيم الطفل، فمشاهدته الدائمة لأحداث الجريمة والقسوة قد تؤثر على قيمه وتجعله يتقبل سلوك العنف كجزء من حياته الطبيعية المستقبلية.

وقد ينمو الطفل محبا للعنف عندما يعتقد أن العنف وسيلة مقبولة في العلاقات الاجتماعية، وأوضح عدد من الباحثين في دراساتهم عن السلوك العدواني أن الطفل قد ينقل العنف الذي شاهده في التليفزيون إلى ألعابه وعلاقاته الاجتماعية مع غيره من الصغار، وقد أوضحت الدراسات أن برامج العنف جذابة للطلاب، فمن خلال استبانه تم سؤال الطلاب فيه:

- هل تنجذبوا لبرامج العنف؟ أجاب ٤٦% من الطلبة المشاركين في الاستبانة بأنهم ينجذبون إلى برامج العنف ويرون فيها المتعة، وهؤلاء ربما هم الذين يكون منهم أصحاب السلوك العدواني بعد ذلك. وهذه البرامج متاحة للطلاب في كل وقت. وأكد المعلمون أن كثيرا من سلوكيات الطلاب وأقوالهم هي انعكاس لمشاهدة تليفزيونية، والدليل على ذلك الموضة التي تظهر على طريقة ملابسهم وتسريحات شعرهم والألوان التي يختارونها[١٦].

ومن أهم السلوكيات الضارة التي يقوم بها الطلاب تقليدا لما تقدمه وسائل الإعلام، أن الدراسات والبحوث الإعلامية والعربية أشارت إلى تقليد الأفراد لما يتعرضون له من وسائل الإعلام، وتناولت ذلك نظرية التعلم من خلال الملاحظة حيث تشير هذه النظرية إلى انه يمكن أن يتعلم الأفراد سلوك العنف من مراقبة أو مشاهدة برامج العنف والرعب والإثارة، فالأفراد يتعلمون سلوك العدوان والعنف من خلال مشاهدتهم للتلفزيون بتنميط سلوكهم حسب سلوك الشخصيات

التي تعرضها برامج العنف وتنطبق هذه النظرية بشكل أقوى على الأطفال. ذلك أن عقل الطفل يسجل ما يشاهده ويختزنه سواء عن وعى أو بدون وعى منذ أن يبلغ الثلاثين شهرا، ولا يخيف الطفل مقدار العنف ولكن الطريقة التي يقدم بها.

ولا يوجد شك في وجود علاقة ما بين ازدياد جرائم العنف وازدياد البرامج المليئة بالسلوك الإجرامي والأعمال العنيفة في السينما والراديو والتليفزيون وحتى الأفلام الإخبارية.

ويتعلم الطفل العنف من خلال:

- تزويد المشاهد بفرص لتعليم العدوان.
- تقليد الشخصيات الشريرة.

ومن الأمثلة التي توضح تقليد الطلاب لما يشاهدونه على الشاشة ما يلي:

- قيام الطلاب في القاهرة بإحراق مدرسة بخطة مرسومة تقليدا لأحد الأفلام.
- ألقى أحد الطلاب بنفسه من الدور الثالث تقليدا لأحد أبطال الأفلام [١٧].

ويرى الدكتور محمد الغنام أن يتم التعاون والتنسيق والتكامل بين جهود المدرسة وجهود أجهزة الأعلام من أجل تحقيق تربية أفضل للطفل ومن أجل تعويض ما يقصر عنه كل منهما فيما هو مطلوب من أجل شخصية متكاملة للمواطن. وهى مسئولية مشتركة تتحملها جميع الجهات ولا يمكن أن تتحقق إلا بتضافر الجهود التربوية مع إمكانات وطاقات كافة وسائل الإعلام لما للإعلام من تأثير حيوي ومباشر على السلوك الإنساني[١٨].

وقد أكدت نتائج البحوث عددا من التوصيات حول الحد من ظاهرة العنف في المدرسة منها [١٩]:

- ينبغي على المسئولين في وزارة الإعلام ووزارة التربية الإشراف على إعداد البرامج التلفزيونية وتنفيذها وضرورة خضوع البرامج التلفزيونية وخصوصا التي تتضمن مشاهد العنف، للإشراف من قبل اختصاصيين في علم النفس والتربية والاجتماع.
- ينبغي توجيه الآباء والمعلمين للتلاميذ في مشاهدة برامج التليفزيون لاختيار الصالح، والبعد عن أن يشاهد الأطفال البرامج التي تتضمن مشاهد عنيفة من العدوان حتى لا يساعد التليفزيون الأطفال على تقمص الشخصيات العدوانية التي يشاهدونها.
- أن يعمل الآباء على ألا يكثر الطفل من مشاهدة برامج التليفزيون بعامة وبرامج العنف بخاصة.
- مساعدة الطفل وإرشاده على أن العدوان له نتائج سيئة فيحاولون تجنبه.
- تخفيض عدد برامج العنف والجريمة وعدد ساعاتها التي تعرض في أوقات يحتمل أن يشاهد فيها الأطفال للتليفزيون.

وحديثا ظهر مصطلح الإعلام التربوي وما له من دور في توجيه الطلاب إلى الآراء والأفكار السليمة وعلاج ما يواجهونه من مشكلات، ويتيح الفرصة لمعايشة هؤلاء الطلاب والتعرف على ظروفهم والإلمام بأحوالهم ودراسة مشكلاتهم، ثم محاولة تذليل هذه الصعاب وإزالة تلك العقبات... حتى يخرجوا إلى المجتمع رجالا صالحين أسوياء خالين من الأفعال والعقد النفسية والتوترات[٢٠].

رابعا - المجتمع:

إن التطورات السريعة التي حدثت في المجتمع المصري من جوانبه الاقتصادية

والاجتماعية كان لها أثرها في ظهور وتفاقم بعض المشكلات السلوكية لدى الطلاب منها:

- التغيرات الثقافية المتلاحقة والسريعة نتيجة التقدم في مجالات الاتصال والإعلام والانفتاح الشديد على المجتمعات البشرية المختلفة وخاصة المجتمعات الغربية. وقد كان لهذه التغيرات أثرها الواضح في زرع أنماط سلوكية جديدة لها جوانبها السلبية مثل:

- التكدس السكاني في بعض الأحياء والمناطق وظهور العشوائيات بكثرة وحرمانها من الخدمات بمختلف صورها.
- عدم إعطاء الطلاب فرصة كافية للتعبير عن رأيهم من خلال القنوات الشرعية كاتحادات الطلاب.
- ظهور بعض صور ومظاهر الإهمال والفساد وضعف مؤسسات المجتمع عن مواجهتها[٢١].

وأحيانا يتأثر العنف بالنواحي الفسيولوجية خاصة الهرمونات، فقد وجد أن هناك علاقة بين العنف وهرمون التيستوسيترون، وكذلك أثبتت البحوث أن هناك علاقة بين هرمون الإدرينالين والعدوانية، فيزيد هذا الهرمون من العدوانية، كما أن هناك هرمونات تقلل من العنف مثل هرمون الأوستروجين، لذا فإن العنف أحيانا يكون مرتبط بالذكور أكثر من الإناث [٢٢].

ومن أجل أن يتوافق التلميذ مع هذه التغيرات الاجتماعية لابد من عملية التكيف التي تعتمد على بعدين أحدهما نفسي والآخر اجتماعي:

1- البعد النفسي:

يهتم هذا البعد بالجوانب السيكولوجية للفرد ويرى أصحاب هذا البعد أن التكيف يتحقق بإشباع حاجات الفرد ودوافعه، وهذا يعنى أن التكيف يخفض من التوتر ويتأتى ذلك عن طريق الاعتدال في الإشباع العام لا لدافع واحد أو حاجة واحدة على حساب دوافع أو حاجات أخرى.

2- البعد الاجتماعي:

ويقوم هذا البعد على أن التكيف عملية اجتماعية تقوم على مسايرة الفرد لمعايير المجتمع، ولمواصفات الثقافة، ذلك من خلال القدرة على القيام باستجابات متنوعة تلائم المواقف المختلفة، وتشبع رغباته وحاجاته.

3- البعد التكاملي (النفسي - الاجتماعي):

يقوم هذا البعد على التكامل والتفاعل بين البعدين النفسي والاجتماعي، فالتكيف عملية ذات وجهين فهي تتضمن أن الفرد ينتمي إلى مجتمع بطريقة أكثر فاعلية، وفى نفس الوقت يقدم المجتمع الوسائل لتحقيق الطاقة الكامنة داخل الفرد لكي يدرك ويشعر ويفكر وينشط نشاطا خلاقا ليواكب التغير الحادث في المجتمع، وحيث إن الفرد والمجتمع يرتبطان معا في علاقة تبادلية تأثيريه، فكل منهما يؤثر في الآخر[٢٣].

تأثير البيئة في ظاهرة العنف لدى الطلبة:

نبادر بتساؤل مفاده، هل هناك تأثير للبيئة على أسباب ومظاهر العنف؟

من أجل معرفة ذلك سوف نتناول ظاهرة العنف لدى الطلبة في كل من

الريف والحضر[٢٤]، فالعوامل المؤدية إلى العنف قد تختلف في حدتها أو درجتها أو تأثيرها من مجتمع إلى آخر وفقا لثقافة هذا المجتمع وخصوصيته. كما أن عوامل وأسباب العنف هي أيضا في كثير من الأحيان ممكن أن تتأثر بالسياق العام للمجتمع فنجدها في السياق الريفي تتأثر بالثقافة الريفية وبخصائص المجتمع الريفي (عاداته - تقاليده - قيمه - شبكة العلاقات الاجتماعية - المستوى الاجتماعي والاقتصادي)، كذلك ينطبق الأمر على المجتمع الحضري الأكثر رحابة واتساعا في المستوى الاجتماعي والاقتصادي ووسائل الاتصال... الخ، وتتأثر بالضرورة المدارس كمؤسسات تعليمية، خاصة المدارس الثانوية (عام وفني). ويمكننا القول إن العنف في المدارس الثانوية الريفية يؤثر ويتأثر بإيقاع الحياة الريفية والبيئة الريفية – الخلافات العائلية – العلاقات الأسرية – المستوى الاقتصادي والاجتماعي.

وفى الحضر نجد الثقافة الفرعية لأسر الطلاب – الشلل والعصابات – انتشار المخدرات – الفقر – ارتفاع المستوى الاقتصادي – المهاجرون واختلاف ثقافاتهم – إيقاع الحياة الحضرية – انتشار أماكن اللهو – أفلام العنف – جماعات العنف – ضعف سلطة الوالدين – غياب رب الأسرة – التفكك الأسرى – غياب القدوة.

كما برز العنف في البيئات الحضرية في السنوات الأخيرة بسبب عدة متغيرات رئيسية، يتمثل المتغير الأول في أنه مع بداية موجات التحديث انطلقت فئات كثيرة من المهاجرين من السياقات الريفية – حيث ضاقت الأراضي الزراعية بسكانها إلى المدن وبخاصة المدن الكبرى.

ويتمثل العامل الثاني وراء عدم التكيف في أن هؤلاء المهاجرين الجدد جاءوا بثقافة ريفية تقليدية، ولأنهم أصبحوا يعيشون في مدينة كبيرة، فإنه من الطبيعي أن يواجهوا ما يمكن أن يسمى بالصدمة الحضارية.

ويتصل العامل الثالث بتردي مستويات الخدمات في الأحياء العشوائية ويؤكد البعض أن الأشخاص الذين يمارسون العنف الحضري يعانون من الحرمان النسبي أو المطلق أو هم مهددون به.

مما سبق نتبين أن مناخ العنف في الحضر يؤهل إلى انتقال العنف إلى المؤسسات داخل البيئة الحضرية ومنها المدارس.

لم تعد ظاهرة العنف المدرسي قاصرة على المدارس الحضرية الكبيرة فقط بل أصبح يشتمل على المدارس الحضرية والريفية، ويبلغ المعلمون في المدارس الريفية عن أحداث وملاحظات للعنف مشابهة لتلك الأحداث التي يبلغ عنها زملاؤهم في المدارس الحضرية، رغم أن تقارير العنف في المدارس الريفية قد تكون أقل تكرارا، على الرغم من أن الريف في الآونة الأخيرة قد اعتراه بعض التغيرات، بمعنى أن الريف في مرحلة التسعينيات أصبح مختلفا عن حقبة السبعينيات والثمانينيات، بالإضافة إلى التغير الاجتماعي والاقتصادي والسياسي، أسفر عن إفراز ظواهر عديدة سلبية منها العنف، والذي تأثر به الشباب خاصة في بعض القرى التي نفضت يداها من أعراف، وقيم كثيرة كانت فاعلة فيما يتصل بالضبط الاجتماعي، والمدارس الثانوية العامة والفنية، التي هي مؤسسات بشرية ليست بمعزل عن المجتمع الريفي ومشكلاته.

بعض الآثار المترتبة على العنف في المدرسة [٢٥]:

يترتب على العنف في المدارس كثيرا من الأضرار والآثار السيئة كحوادث العنف خصوصا داخل البيئة المدرسية يشعر بها الطلبة والآباء والمعلمون على حد سواء بصرف النظر عن النوع والحالة الاقتصادية والثقافية، والعنف في المدارس

يجعل من الصعب توظيف جهود المعلمين، كما أن النظم المدرسية تواجه أيضا تكاليف متزايدة لعمليات الإصلاح.

ونتيجة لعمليات العنف تكون العائلات والنظم المدرسية والمجتمع بكامله ضحية للعنف المتصل بطلبة المدارس، ولا يمكن أن نغفل أن هذا العنف المدرسي له آثار أخرى مرتبطة أيضا بالبيئة المدرسية تنعكس على الطلاب والمدرسة على النحو التالي:

1- تدمير أثاث المدرسة وأبنيتها وتشويهها.
2- فشل بعض الطلاب في استكمال فرص تعليمهم.
3- زيادة نسبة الانحراف في كثير من صوره بين طلاب المدارس مثل تعاطي المخدرات، السرقة، النصب والاحتيال.
4- الخروج عن سلطة الوالدين والمعلمين.
5- الهروب من المدرسة.
6- التسرب الدراسي.
7- زيادة نسبة الأمية.
8- مشكلات الأسرة المترتبة على سلوك عنف الأبناء.

هوامش الفصل الثالث

١- جون دكت: علم النفس الاجتماعي والتعصب، ترجمة عبد الحميد صفوت، سلسلة المراجع في التربية وعلم النفس، دار الفكر العربي، القاهرة، ط١، ٢٠٠٠، ص٣٥.

2- Bryson- William john: maximizing school safety by minimizing student violence on and Near school Grounds, Dissertation Abstracts International vol.33,no.5,p.1373.

٣- محمد السيد أبو المجد عامر: دراسة مقارنة للعوامل المؤدية للعنف في البيئة المدرسية،و كيفية التخفيف من حدتها من منظور الخدمة الاجتماعية في كل من الريف والحضر، مجلة البحوث النفسية والتربوية عدد ٣ كلية التربية، جامعة المنوفية، ١٩٨٨ ص ص ١٢٨ - ١٢٩.

٤- المرجع السابق، ص ص ١٣٧ – ١٣٨ .

5- Arnold P. Goldstein & Jane Close Conoley: School Violence Intervention A practical Hand Book, The Guilford Press, New York, USA, 1997.

٦- وحيد عبد المجيد: العنف المدرسي وهيب القانون، جريدة الوفد، في ١٩٩٨/٨/٤، ص ٧.

7- Meyer, Aleta L & Farrell, Allert D: Social Skills Training to promote Resilience in Urban Sixth – grade Students in (Education and Treatment of children, Vol.21,No 4, Nov. 1998, P.6.

٨- عبد الحميد سيد منصور، زكريا أحمد الشربيني: الأسرة عل مشارف القرن ٢١، الأدوار – المرض النفسي – المسؤوليات، دار الفكر العربي، القاهرة، ط١، ٢٠٠٠، ص ٥ .

٩- رئاسة الجمهورية، المجالس القومية المتخصصة: تقرير المجلس القومي للتعليم والبحث العلمي والتكنولوجيا، الدورة الخامسة العشرون، المشكلات السلوكية لطلاب التعليم الثانوي ١٩٩٧، ١٩٩٨، ص ص 32-34.

10- Wthout Editor: Create an Anti-Violence Battle plan for your sehod, in Curriculum - Review, Vol 38, No 1, Sept., 1998, p. 4-5

١١- عبد الحميد سيد منصور، زكريا احمد الشربيني: الأسرة على مشارف القرن ٢١ (مرجع سابق)، ص ٥٧.

١٢- وزارة المعارف، المملكة العربية السعودية: تحقيق بعنوان ألف باء عن العنف، مجلة المعرفة العدد (٥٢) رجب، ١٤٢٠هـ- أكتوبر ١٩٩٩ م، ص ٢٧.

١٣- تقرير المجلس القومي للتعليم، (مرجع سابق) ص ص ٣٥-٣٦.

١٤- محمد عرفه: التأثير السلوكي لوسائل الإعلام: تحليل من المستوى الثاني، مجلة التربية العدد ١٢٦، السنة ٢٧، اليونسكو، سبتمبر ١٩٩٨.

١٥- تقرير المجلس القومي للتعليم، (مرجع سابق) ص ص ٣٦-٣٧.

١٦- وزارة المعارف، المملكة العربية السعودية: تحقيق بعنوان ألف باء عن العنف، (مرجع سابق) ص ص ١٧ – ١٩.

١٧- عاطف عدلي العبد عبيد: صورة المعلم في وسائل الإعلام، دار الفكر العربي، القاهرة، ط١، ١٩٩٧، ص ص ٩١-٩٣

١٨- مكتب التربية العربي لدول الخليج: الإعلام التربوي في دول الخليج العربية «وقائع اجتماع مسئولي الإعلام التربوي في دول الخليج العربية» الدوحة، قطر، ١٩-١٤١٢/٥/٢٠: ٢٥-٢٦ / ١٩٩١/١١، ص ٤٠.

١٩- وزارة المعارف، المملكة العربية السعودية: تحقيق بعنوان ألف باء عن العنف (مرجع سابق) ص ص ٢٤-٢٥.

٢٠- على حسن مصطفى: الإعلام التربوي، دار الثقافة للنشر والتوزيع، القاهرة، ١٩٩١، ص ص ١٣١ – ١٣٢.

٢١- تقرير المجلس القومي للتعليم، (مرجع سابق) ص ص ٣٦-٣٧.

٢٢- على وطفة: هل يمكن للعنف الإنساني أن يفسر على نحو فيزيولوجى، مجلة التربية، العدد ١٢٦، السنة ٢٧، اليونسكو، سبتمبر ١٩٩٨، ص ص ٢١٣-٢١٦.

٢٣- محمد مصطفى أحمد: التكيف والمشكلات المدرسية، دار المعرفة الجامعية، الإسكندرية، مصر ١٩٩٦، ص ص ١٧-١٩.

٢٤- محمد السيد أبو المجد عامر: دراسة مقارنة للعوامل المؤدية للعنف في البيئة المدرسية، (مرجع سابق) ص ١٣٩.

٢٥- محمد السيد حسونة: بعض المشكلات السلوكية لدى طلاب المرحلة الثانوية، ظاهرة العنف الطلابي، المركز القومي للبحوث التربوية والتنمية، القاهرة، شعبة بحوث المعلومات التربوية، ١٩٩٩، ص ٣.

الفصل الرابع

جهود بعض الدول لمواجهة العنف لدى الطلبة

الفصل الرابع

جهود بعض الدول لمواجهة العنف لدى الطلبة

تنبهت بعض الدول - منذ أواخر الثمانينيات - وخاصة أمريكا وانجلترا إلى تزايد معدلات العنف في المدارس وخاصة المدارس الثانوية، وقد استنفرت هذه الدول كل المؤسسات المعنية لتشارك في مواجهة وعلاج ظاهرة العنف لدى الطلبة. وكان هناك اتجاه في الماضي – للتعامل مع الطلبة المشاغبين – يتمثل في تجاهل هؤلاء الطلبة أو توجيه الإنذارات أو استبعادهم وهو الملاذ الأخير لإدارة المدرسة، وكانت هذه السياسات هي المعمول بها لفترة طويلة لحفظ النظام في المدارس الثانوية [١].

ولكن مع تصاعد موجات العنف والمواجهة بين الطلبة والمعلمين – خاصة الطلبة ضعاف التحصيل والراسبين – فقد المعلمون سلاحا أساسيا للسيطرة على الطلاب ألا وهو العقاب الجسدي الذي أصبح غير قانوني في معظم نظم التعليم في العالم[٢] ومع تزايد مشكلات عدم الانضباط في المدرسة وتصاعد موجات العنف في هذه الدول بدأ الاتجاه في تفسير هذه الظاهرة وإيعازها إلى العوامل الاجتماعية والاقتصادية المحيطة بالطلاب ومنها: الفروق الاقتصادية المتزايدة، المنافسة الحادة في العمل حيث إن الغش والكذب أصبح هو المعيار، تزايد حالات الطلاق، تفكك وحدة العائلة التقليدية حيث أصبح شكل العائلة الغير تقليدي هو القاعدة وليس الاستثناء، كما أن العديد من الوالدين يقضون العديد من

الساعات بعيدا عن أطفالهم سواء من اجل العمل أو السفر، زيادة حالات الأطفال المهملين سواء من الأب أو الأم أو كلاهما، التأثير السلبي للعنف المقدم في التليفزيون[٣]. وسوف يتم عرض جهود بعض الدول لمواجهة العنف لدى الطلبة على الوجه التالي:

- جهود المملكة المتحدة.
- جهود الولايات المتحدة الأمريكية.

أولا: جهود المملكة المتحدة في انضباط السلوك المدرسي [٤]:

رفعت إدارة التربية في المملكة المتحدة شعارا هو «الانضباط والسلوك الجيد هما من الأسس الرئيسية للتربية الجيدة»، وبدون مناخ منظم وتدريس فعال لا يمكن أن يتحقق التعليم الجيد، وفي التقرير السنوي للإدارة وجد أن أكثر المدارس نجاحا في تحقيق الانضباط والسلوك الجيد تلك التي كان عندها مقياس عام لتقييم سلوك الطلبة.

وقد وضعت الإدارة عدة سياسات وكانت أهمها إعطاء المدارس سلطة حجز الطالب بعد اليوم المدرسي بدون موافقة الآباء وفصل الطالب حتى ٤٥ يوما، عدم الاعتراف بالطالب المشاغب (عدم قيده بالمدرسة) حتى يوقع الآباء اتفاقية (المدرسة - المنزل) لكي يتعاون الآباء مع المدرسة على ملاحظة الطلاب، كما سجلت سلسلة من الخطوات يجب على المدارس التي لديها مشكلات سلوكية إتباعها وهى:

الخطوة الأولى:

عندما يلاحظ المدرس إحدى الحالات التي تستدعى الاهتمام في الفصل عليه أن يناقش هذه المشكلة مع منسق الاحتياجات التربوية الخاصة (كالأخصائي

الاجتماعي والأخصائي النفسي مثلا)، ووضع خطة أو جدول زمني لمقابلة ونصح هؤلاء الطلبة.

الخطوة الثانية:

الإشراف على خطوات عمل المنسق، ومعرفة إذا كانت هذه الخطوات قد صادفت القليل من النجاح أو لم تفلح بالمرة، وعند ذلك يمكن للمدرسة الاستعانة بخبراء خارجيين من أخصائي علم النفس التربوي أو المستشارين التربويين.

الخطوة الثالثة:

وهى لعدد صغير من الطلبة من الذين يعتقد فيهم أنهم لا يستجيبون بالقدر الكافي وهى تطبيق نوع من التقييم المتعدد الأنظمة ذو المسحة القانونية.

الخطوة الرابعة:

وتدمج بالخطوة السابقة إذا صدر للطالب بيان حالة الاحتياجات الخاصة حيث من المفروض أن يكون الإصلاح من مصادر إضافية أخرى غير الأخصائيين والمستشارين التربويين لتقابل احتياجات الطلبة الذين لا يستجيبون لخطوات العلاج السابقة.

وقد أوصت بعض الدراسات في المملكة المتحدة المعلمين باستخدام العدل والحزم والثواب والعقاب، ويمكن أن يشمل العقاب عزل التلميذ، أو إنهاء بعض الأعمال في المدرسة، وخفض ساعات الاستراحة أو الحرمان منها، والحرمان من بعض الامتيازات والأنشطة مثل الاشتراك في المسابقات الرياضية أو الرحلات المدرسية.

ويرى البعض في المملكة المتحدة أنه من الصعب إلقاء العبء على المعلم في انضباط وإدارة الفصل لمواجهة العنف، لأن ذلك يعتمد أساسا على السمات الشخصية للمعلم وسلوكياته، لأنه بمفرده لا يمكن أن يتعامل مع كل المواقف والمشكلات الخاصة بعنف الطلبة، وعلى المدرسة أن تتخذ بعض الإجراءات الأمنية مثل تأمين الدخول والخروج من المدرسة، زيادة ضباط الأمن، وضع كاميرات مراقبة للتأكد من حقيقة الأحداث والمتسبب فيها، استخدام أجهزة الكشف عن المعادن للكشف عن الأسلحة التي يأتي بها الطلاب إلى المدرسة... الخ، بالإضافة إلى تدريب المعلمين التدريب الملائم للتعامل مع عنف الطلاب[٥].

ثانيا: جهود الولايات المتحدة الأمريكية لمواجهه العنف لدى الطلبة [٦]:

استخدمت الولايات المتحدة الأمريكية العديد من الاستراتيجيات والمداخل المتنوعة للعمل على مواجهة العنف وخاصة حوادث العنف بين الطلبة داخل وخارج المدارس.

أولا- جعل مقاومة العنف هدف تربوي قومي:

في تقرير الرئيس الأمريكي (أمريكا سنة ٢٠٠٠) حذر التقرير من تصاعد حوادث العنف خاصة بين الطلبة بصورة تدعو إلى القلق وإلى ضرورة تضافر كل الجهود واتخاذ الإجراءات اللازمة لمواجهه العنف، ولهذا فقد حددت الغايات التربوية الوطنية لعام ٢٠٠٠ بأن تكون كل مدرسة في أمريكا بحلول عام ٢٠٠٠ آمنة منضبطة خالية من العقاقير والمخدرات والعنف، وأن تكون هناك بيئة منضبطة ملائمة للتعليم الجيد.

ثانيا- الجهود الإقليمية للتشخيص المبكر العنف والمواجهة:

عملت المراكز الإقليمية للخدمات على الاستعانة بالتربويين والمشرعين وممثلي المجتمع لإيجاد حلول عامة لمشكلة تصاعد العنف بين الطلبة في المدارس، واهتمت المراكز أولا بالتشخيص وعلاج العنف المرتبط بالتمرد. ولذلك فقد أجريت عدة دراسات للتشخيص وتحديد حجم المشكلة وتعريفها، وقد اقترحت إحدى الدراسات[٧] التشخيص المبكر لدى الطلبة الذين لديهم استعداد للعنف عن طريق إنشاء قاعدة معلومات يتم فيها تسجيل بعض الملاحظات حول الطلبة الذين يظهرون بعض السلوكيات التي تنم عن العنف وهؤلاء الطلبة يمكن تصنيفهم إلى: الطلبة الذين لديهم تاريخ في ثورات الغضب المتكررة، الطلبة المعروفون بلغتهم السيئة وإطلاق الشتائم والسباب، الطلبة المألوف لديهم تهديد زملائهم عند الغضب، والذين سبق لهم جلب الأسلحة إلى المدرسة، والذين تم معاقبتهم جديا في المدرسة أو توجيه اتهامات لهم من قبل الشرطة، والطلبة الذين لديهم سوابق في تعاطي المخدرات أو الاعتداء على الآخرين، وأيضا الطلبة المنضمون إلى شلل وعصابات، والطلبة المهتمون بأنواع الأسلحة والمتفجرات والعبوات الحارقة، والطلبة الذين قد سبق طردهم أو إنذارهم من المدرسة، والطلبة المعروفون بقسوتهم تجاه الحيوانات، الطلبة المهملون من قبل أولياء الأمور أو الذين كانوا ضحية للإهمال أو العنف في المنزل، والطلبة الذين يفضلون مشاهدة الأفلام وسماع الموسيقى أو قراءة الكتب التي تعبر عن العنف، الطلبة الذين تعبر كتاباتهم ومشروعاتهم عن إحباط، أيضا الطلبة الذين هددوا أو حاولوا الانتحار.

كما عرفت إحدى الدراسات[٨] عدم الانضباط في المدرسة على أنه السلوك

المعوق للعملية التعليمية وهو أى سلوك غير ملائم ينتج عنه مشكلة أو يسبب إزعاجا للمعلم في الفصل وعملت على تحديد أنواع السلوك الغير مرغوب فيه بالفصل وهى:

أ - السلوك العدواني مثل (الضرب، شد الشعر، الركل، استخدام الألفاظ البذيئة... الخ).

ب- السلوك المعوق فيزيائيا مثل (تحطيم أو تخريب أو تشويه أو رمى الأشياء إغاظة التلاميذ الآخرين).

ج- السلوك المعوق اجتماعيا (الصراخ والجري والهروب، إظهار بعض نوبات الغضب المزاجية).

د- سلوك تحدى السلطة مثل (رفض تنفيذ الأوامر، استخدام السلوك اللفظي وغير اللفظي في التحدي استخدام لغة ازدرائية).

هـ- السلوك المعوق للذات مثل (أحلام اليقظة، قراءة كتب غير دراسية، السرحان والتخيل) وهذا السلوك قد لا يعرقل المعلم أو التلاميذ ولكن يؤثر على المستوى الأكاديمي للطالب.

وعلى هذا الأساس عملت الدراسات على اقتراح بعض البرامج والإجراءات التي تعالج العنف في المدرسة الثانوية، الذي اعتبرته معوق للعملية التعليمية، كما أن هناك بعض العوامل المدرسية التي يجب معالجتها سواء كانت الإدارة المدرسية أو المناهج أو سلوك المعلم أو عوامل تتعلق بالطلبة ومعاملاتهم بين بعضهم كما أن هناك عوامل خارجية تتعلق بالآباء أو المحيط الخارجي للمدرسة يجب علاجها.

ثالثا- قوانين الأمان المدرسي:

قاومت أنظمة المدرسة في كل الولايات المتحدة الأمريكية العنف المتزايد من خلال عدة أساليب مثل زيادة التعاون مع المؤسسات الأخرى، والبرامج العلاجية مثل برامج التدريب على حل المنازعات، إخلاء منطقة المدرسة من الأسلحة، كما شرعت بعض المجتمعات المحلية القوانين التي تجرم تهديد أو ضرب أو الاعتداء على أحد الطلبة أو المعلمين أو موظفي المدرسة.

رابعا- قوانين تغريم الوالدين:

كما شرعت ولاية أوهايو الأمريكية القوانين لتحميل الوالدين مسئولية تصرفات أبنائهم الغير مسئولة وتغريمهم بحد أقصى ٣٠٠٠$ خاصة الأبناء الذين يهملهم آباؤهم ويقصرون في توجيههم ومراقبتهم، ويتناول القانون أفعال التخريب والأضرار الشخصية أو العامة، ونجح القانون في بعض الإدارات المدرسية في أن يستعيد تكلفة تصليح التلفيات التي يسببها الطلبة.

خامسا: بعض إنجازات المحليات للتقليل من العنف:

1- طرق آمنة إلى المدرسة:

أسست إدارة الصحة بنيويورك بالتعاون مع الإدارة العامة للمدارس ووكالات محلية أخرى والآباء والجمعيات الأهلية برنامج الطرق الآمنة إلى المدرسة لتقليل حوادث الطرق والعنف سواء كانت سيارات أو سرقات أو اعتداءات التي يمكن أن تصادف الطلبة في الطرق والشوارع عندما يذهبون من وإلى المدرسة.

2- مركز وساطة الأقران:

طالبت أنظمة مدرسية عديدة وبعض السلطات التشريعية بالدولة تضمين بعض البرامج العلاجية مثل برامج التدريب على المهارات الاجتماعية مثل برامج حل المنازعات وبرامج القدرة على المفاوضة لطلاب وموظفي المدرسة الثانوية وقد انتشر هذا المصطلح بشكل واسع على مستوى الريف والحضر.

والإجراءات المتبعة تكون عادة بالتحاق الطالب بمجموعة الوسطاء ويتلقى التدريب والعون من المعلمين، وهذه البرامج تتضمن الحفاظ على مناخ آمن للمدرسة، والعمل على حل النزاع وتهدئة المشاحنات التي تحدث بين الطلبة.

3- المدارس البديلة: **Alternative Schools**

وقد أنشئت هذه المدارس بناء على طلبات المجالس التشريعية للمدارس تنفيذا لسياسات القضاء على المخدرات والأسلحة والجريمة والعنف على أرض المدرسة، وهى لعدد من الطلاب ذوى السلوك العنيف الذين من الصعب علاجهم في إطار المدارس العامة، وقد تزايدت هذه المدارس عام ١٩٩٥ حيث افتتحت ثالث مدرسة بديلة للمدرسة الثانوية في نيويورك للطلاب الذين تم فصلهم لفترة طويلة من مداسهم النظامية، كما أسست ولاية نيومكسيكو ١٨ مدرسة بديلة، بالإضافة إلى ٢٤ مدرسة أسستها جمعيات أهلية لا تهدف للربح وأصبح حوالي ٦٦% من المدارس على المستوى القومي قد أسست برنامجا بديلا لمواجهة عنف الطلبة.

4- تكوين فرق الأزمات: **Crisis Teams**

أسست مدارس عديدة فريقا للأزمات لمواجهة السلوك العنيف في المدرسة وفض الشغب الطلابي، وأعضاء فريق الأزمات مدربون على مهارات التعامل مع

الطلبة وعلى أساليب مواجهة مشاغبات الطلبة، كما أنهم مفوضون لفض المشاجرات وإلقاء القبض على المسئولين عن العنف وتطبيق القانون عليهم، وبناء علاقة فعالة مع الآباء والجمعيات الأهلية لمساعدتهم في التعامل مع مشكلات العنف لدى الطلاب.

5- استعمال أجهزة الكشف عن المعادن:

وذلك بهدف خفض عدد الأسلحة التي يجلبها التلاميذ إلى المدرسة والتغلب عليها على أمل خفض حوادث العنف، وتتمثل الإجراءات في تكوين فريق من ضباط الأمن يزورون المدارس التي طلبت اشتراكها في برنامج الكاشف المعدني للمدينة، ويأتي الفريق إلى المدرسة بصفة دورية أسبوعيا - حاملة أجهزة الكشف عن الأسلحة وهى تختار بعض الطلاب بشكل عشوائي للكشف عليهم عند دخولهم المدرسة.

6- الزى المدرسي الموحد:

إن العديد من المدارس الكاثوليكية وعدد متزايد من المدارس العامة الآن تلزم الطلاب بارتداء الزى المدرسي الموحد وهناك سبب مقنع من وجهه نظر المدارس وهو منع أو الإقلال من طغيان بعض الإشارات أو الألوان التي ترتبط بالجماعات المشاغبة في المدرسة على شخصية ونظام المدرسة، وأيضا للتقليل من التشتيت الذي يمكن أن يحدث من تعدد الأزياء في المدرسة، كما تعتقد هذه المدارس بأنواعها أن ما يرتديه الطالب له بعض التأثير على سلوكياته خاصة الانضباط واحترام النظام المدرسي.

7- الشرطة المدرسية: School Police

يكون في بعض الولايات قسم للشرطة هو المسئول عن مربع المدارس الموجودة في المنطقة ويعين لهذا عدد من المحققين وضباط وسيارات الشرطة، وهذه السياسات مكلفة للغاية قد تصل إلى ٢ مليون في السنة، ولهذا عملت أكثر من ٥٠ منطقة مدرسية على تدريب قوات شرطة مدرسية بشكل محترف ويعملون بنظام المناوبة أو الدوريات. كما أن هناك العديد من المدارس الأخرى لديها ضباط شرطة الولاية بشكل دائم، وهناك عدة صور ونماذج للأمن المدرسي في الولايات المتحدة ولكن هناك ثلاثة نماذج أكثر انتشارا في الولايات المتحدة وهى:

النموذج أ - أقسام الأمن المدرسي:

وفيه تتولى مجموعه من الموظفين مدربة على مهام الأمن العام داخل المدرسة وتختلف مهام هؤلاء عن المهام التقليدية لمشرفي القاعات والأدوار في المبنى الدراسي، حيث تصبح الخدمات الأمنية خدمات متخصصة تشمل مسئوليات التحقيق وتقويم الأمن المادي والتخطيط لمواجهة الأزمات والمهام المتعلقة بذلك، معتمدة على القوانين المحلية، ويفوض لهؤلاء الأشخاص سلطة محدودة للاعتقال داخل السلطة القضائية، وفى المقاطعات الكبيرة قد يتم تعيين موظفي الأمن تحت إشراف منسق الأمن بالمقاطعة ويكون من ضمن مسئولياتهم تقديم تقارير سنوية للمنسق، ومن مزايا هذا النظام هو أن قسم الأمن المدرسي يكون جزء لا يتجزأ من النظام المدرسي لمدة طويلة، يصبح فيه هؤلاء الموظفين مواكبين للنظام وملمين بمناخ المدرسة، فتكون لهم خبرة طويلة ومهارة في التعامل مع جرائم العنف والتخريب في المدرسة.

أما عن الجانب السلبي فيتمثل في أنه قد تدمج هذه الأقسام ضمن أقسام أخرى فتصبح أدوار هذه الأقسام مهمشة كدور خدمات معاونة فقط.

وغالبا ما تكون مرتبات هؤلاء الأفراد ضئيلة ويسند لهم خدمات إدارية معاونة لهيئات التدريس ومديري المدارس كما أنه نتيجة لعدم وضوح دور الهيئة الأمنية في المدرسة تظهر عادة الصراعات بين مديري المدارس ومنسقي الأمن المركزيين بالمقاطعة وذلك فيما يتعلق بالرقابة على تلك الأقسام، ولكن مثل هذه المشكلات من السهل التغلب عليها وحسم الأمور.

النموذج ب- مسئولو الأمن المدرسي:

وهم المسئولون عن تنفيذ القانون في مدينة أو منطقة معينة وعادة ما يكونوا مسئولين عن عدة مدارس في المنطقة، ومن مهامهم تنفيذ القانون في المنطقة التابعين لها، وتدريب موظفي الأمن بالأقسام المدرسية، توجيه وإرشاد التلاميذ وإلقاء محاضرات دورية حول القانون والأمن والقضايا المتعلقة بذلك، والسلوك الواجب إتباعه للمحافظة على القانون أو عند تعرضهم لمشكلة تتعلق بالأمن.

النموذج ج - أقسام الشرطة المدرسية:

وهى هيئات مرخصة منفذة للقانون مثل أقسام البوليس للمقاطعة وهناك أقسام متشابهة تعمل في العديد من الجامعات والكليات مثل (شرطة الحرس الجامعي) وغالبا ما يكون المسئولون فيها لهم السلطة الكاملة للشرطة ومعينين لكل الوقت في المقاطعة، وللمنطقة التعليمية كافة السيطرة على القسم شاملة اختيار الأفراد وتحديد مسئولياتهم وتوزيع المهام والرقابة، وحيث إن المنطقة التعليمية تعينهم لكل الوقت فإن بقاءهم لفترات طويلة تسمح بإلمامهم بخبرات واسعة في سياسة المنطقة والمدارس الخاصة بها وبطبيعة العملية التعليمية.

ومن بين النماذج الأقل انتشارا هو التعاقد مع مسئولي الأمن من خلال هيئات أمن خاصة، أو الاستعانة ببعض موظفي البوليس المحلى ممن هم خارج الخدمة

للعمل بعض أو كل الوقت، كما أنه قد توجد توليفة من كل النماذج السابقة خاصة المناطق التي تتميز بنظام مدرسي كبير أو تعانى من تفاقم مشكلات العنف بها. فعلى سبيل المثال قد تلجا بعض المناطق إلى تعيين مسئولين من داخل أقسام الأمن المدرسي ثم تلجأ إلى دعمهم بمسئولي الشرطة بالمقاطعة، كما تلجأ بعض المناطق إلى الاستعانة بقوة أمنية لمواجهة المشكلات الأمنية بالإضافة إلى مسئولي الشرطة المدرسية الخاصة بها [٩].

8- مؤسسات البحث والتدريب التي تعمل على التحكم ومنع العنف:

أدركت المؤسسات الحكومية مثل الصحة العامة، التربية، العدالة، والوكالات الأخرى، أنه يجب أن يتعاونوا على إنشاء قاعدة معلومات حول سلوكيات الشباب والجهود التي تمت لخفض العنف بين الشاب عامة سواء داخل أو خارج المدارس [١٠].

ولذلك عملت إدارات التربية في الولايات المتحدة على إنشاء العديد من مراكز البحوث لمواجهه مشكلات التعليم والطلبة وخاصة العنف، كما عملت على التعاون والتنسيق مع الوكالات الأخرى التي تهتم بالشباب لتكوين جبهة واحدة ضد العنف والآثار الناتجة عنه، وأيضا العمل على تقويم الجهود الدولية والمحلية التي تمت في هذا الإطار واختيار الإجراءات الأكثر فاعلية.

ومن المؤسسات التي تم التعاون معها من أجل الأمان والانضباط المدرسي، قسم الإرشاد التربوي لتطهير المدارس من المخدرات والعقاقير، مواقع مواجهة العنف على شبكة الانترنت، الجمعية الأمريكية الاستشارية وهى تضم الخبراء والمهنيين المتخصصين في علاج ومواجهه العنف في المدرسة، مراكز شمال كارولينا لمواجهة العنف بالتعاون مع مركز معلومات إدارة العدل بالولايات المتحدة، إدارة رعاية الأحداث بالتعاون مركز مواجهه العنف، الخط المفتوح للمشاركة في

مواجهه العنف التابع لإدارة العدل الأمريكية، الجمعية القومية للإحصائيين النفسيين بالمدارس، المعهد القومي للصحة العقلية، شبكة تبادل المعلومات لخدمات الصحة العقلية، جمعية مستشاري المدارس الأمريكية [١١].

مركز تجنب العنف في المدرسة:

يعد هذا المركز من أهم المؤسسات البحثية التي تم إنشاؤها لمواجهة العنف، ويعمل المركز على حصر البرامج التي ثبت نجاحها في مواجهه مشكلة العنف في المدارس ثم العمل على تنقيحها وتطبيقها بنظرة شاملة، خاصة وأن المدارس التي تواجهها مشكلات العنف تطبق حلولا فردية ولا تتاح لها فرصة الاطلاع على خبرات المدارس الأخرى في مواجهه العنف، ذلك بالإضافة إلى المركز القومي للمدرسة الآمنة[١٢]، المركز القومي للبحوث والتنمية للتشريعات المتصلة بالتربية[١٣]، برنامج مجالس المجتمع[١٤]، برامج حل النزاع والمسئولية الاجتماعية للتربويين[١٥]. بالإضافة إلى العديد من المؤسسات والجمعيات الأهلية مثل:

- **مؤسسة تنمية المهارات:** وتشمل برامج التحكم في الغضب – الخطوط العامة لحل النزاع - أشكال التنمية الشخصية والخطوط العامة لتحليل المسئوليات الاجتماعية - منهجيات الغضب - الدراسات المختصة بالموضوع - منهجيات المسئولية - برامج الآباء - خدمات المعلومات المباشرة [١٦].
- **حلقات التحكم في الغضب وحل النزاع:** وترمى إلى تزويد المشاركين بالتقنيات المحددة التي تمكنهم من تدريب طلابهم على التحكم في غضبهم وعلى حل النزاع سلميا.

أما الهدف الإجرائي فهو العمل على تقديم جلسات لوضع تصور عام للأساليب التي يمكن أن يساعد بها المعلم طلابه لتجنب الغضب والثورات

العصبية التي يمكن أن تؤدى إلى العنف أو إعاقة العملية التعليمية في الفصل وذلك عن طريق عدة مداخل وهى:

أ - الاقتناع بان الغضب يكون اختيارا بينه وبين ضبط النفس.

ب- التعرف على القضايا الأساسية للغضب.

ج- كيفية تفهم وجهة نظر الشخص الآخر.

د- التمييز بين تصرفات الطلبة المؤدية إلى الشغب وبين طبيعة المرحلة السنية لهؤلاء الطلبة [١٧].

9- برامج تدعيم المدرسة والفصل:

تولت إدارة التربية بالولايات المتحدة الأمريكية مهمة تدريب مديري ومعلمي المدارس خلال مجموعة من البرامج لتدعيم قدرات المعلمين والإداريين في استيعاب وتطبيق الإجراءات المناسبة لحفظ النظام في المدرسة ومواجهه العنف لدى الطلبة.

وهى ثلاثة برامج منفصلة ولكنها مرتبطة الأجزاء وهى برنامج تعليم المدرس، ومناهج حل المشكلات الاجتماعية للطلبة، ونظام تعاوني فعال للمدرسين لتطبيق السياسات الجديدة في المدرسة والفصل.

أولا: برامج إعداد وتدريب المعلمين لإدارة ومنع العنف لدى الطلبة:

عند مسح برامج إعداد أو تدريب المعلم تبين أن هذه البرامج تخلو من أي إشارة لكيفية إعداد المعلم للتعامل مع العنف في المدرسة ولهذا فقد كانت هناك عدة توصيات هي:

التوصية الأولى:

إن برامج إعداد المعلم يجب أن تشمل أساسيات المنهج الذي يعد معلمي المستقبل للتعامل مع عنف وعدوانية الطلبة، وهذا يشمل القدرة على:

- المحافظة على مناخ مدرسي ايجابي وآمن - أي لا يسوده السيطرة والدكتاتورية.
- التعرف على الأعراض المبكرة للسلوك العدواني والأساليب الوقائية والعلاجية.
- تهدئة الغضب الكامن بين التلاميذ أو بين التلاميذ والكبار (أن يكون صانع السلام بين التلاميذ).
- التعامل بمهارة مع الطلبة الذين يحملون أسلحة في المدرسة (نزع السلاح والقبض عليه).

وعلى برامج الإعداد أن تشمل نظم إدارة السلوك، أساليب حل النزاع، كيفية الحد من الألفاظ البذيئة والسباب في الفصل، أساليب الدفاع عن النفس والحقوق والواجبات التي على الطالب والمعلم.

ويجب أن يحصل المعلم على معلومات عن السياسات التي تفيد في تبديل السلوك وتغييره – المشكلات الاجتماعية – مهارات إيجاد الحلول.

التوصية الثانية:

إن برامج الإعداد يجب أن تؤهل المعلم لعمل تعديلات في الدرس أو المناخ بهدف الوقاية أو العلاج.

إن معلم المستقبل أو المعلم أثناء الخدمة والإداريين أيضا في حاجة إلى التعامل مع المواقف التعليمية اليومية التي تؤثر على اتجاهات وسلوك التلاميذ، فهم يحتاجون إلى خطة وإلى تطبيق جدول زمني مناسب وإلى برامج ثقافية

وأخلاقية - كما يمكن زيادة معدلات الحوافز للمعلمين الذين استطاعوا تقليل السلوك العدواني لدى التلاميذ.

التوصية الثالثة:

على البرامج أن تعد الأخصائيين الآخرين كأعضاء في فريق منع العنف وهؤلاء الأخصائيين هم المستشارون والأخصائي النفسي والمساعدون مثل الممرضات ورجال الأمن، فهم يلعبون دورا مهما في الفصل وعلى مستوى المدرسة.

التوصية الرابعة:

يجب على برامج الإعداد أن تؤكد على مدخل شامل مهم وهو أن العنف والعدوانية سلوك معقد حيث إن جذور عدوانية الطلبة وعنفهم خليط معقد من الصعوبات الاجتماعية والمعرفية واللغوية والتحصيلية (الأكاديمية) والاقتصادية وذلك بدلا من الاعتماد على مدخل واحد، وعلى هذا الأساس فإن التعامل بأسلوب معين مع طالب عدواني ليس من الضرورة أن يفيد طالب آخر.

التوصية الخامسة:

على برامج الإعداد أن تؤكد على أهمية التعاون المهني وأن تعلم المعلمين عمليات التعاون. ذلك أن العديد من المعلمين يعانون من التعامل مع المشكلات السلوكية للطلبة بمفردهم، ولهذا فإن التربويين وكل العاملين في المدرسة في حاجة إلى أن يكونوا قادرين على بناء علاقات تعاونية فعالة مع الأخصائيين ضمن المجتمع ككل [١٨].

ثانيا: برامج تدعيم هيئات التدريس أثناء الخدمة:

وهو يشمل جميع المعلمين والإداريين والأجهزة المعاونة حيث يدعون إلى

سلسلة من حلقات المناقشة - سيمنارات -كل منها تسعون دقيقة لتدعيم المعلومات والمهارات والاتصالات، ويكون أول حلقات المناقشة عن كيفية تصميم تقرير عن محيط المدرسة والطلبة وطبيعة الاحتياجات من المعلمين خلال الـ ١٠ أو الـ ١٥ سنة الماضية، ثم الأربعة حلقات التالية تكون عن استكشاف تنوع التلاميذ والجودة الملائمة المطلوبة بين مجموعات الطلبة المختلفة والمدرسة وهذه القضية تتعلق بثقافات الفكر ثقافات الحساسية تجاه عنصر أو مجموعة معينة والأربعة حلقات التي تليها تختبر التعليم الفعال وتقييم المناهج وتغيير خطط الدراسة، التعليم التعاوني، السياسات البديلة للمجموعات المختلفة من الطلبة، أما آخر ستة حلقات فهي تختبر الفلسفات المشتركة للأشخاص المحيطين بالنظام والسياسات العامة للمدرسة وتطبيقاتها وأيضا إدارة الفصل تطوير شكل الجزاءات للسلوك الغير مرغوب فيه، ثم تطبيق نظام عملي للطلبة والمعلمين.

ثالثا: برامج التدريب على إدارة الفصل للتقليل من مشاغبات الطلبة [١٩]:

وذلك من خلال إعطاء المعلم عدة نصائح للتعامل مع السلوك الغير ملائم والتغلب على المشاغبات التي تدور في الفصل في المدرسة الثانوية وتعوق عملية التحصيل الدراسي مثل:

1- أن يكون المدرس في الفصل حازما وألا يكون خجولا أو متعال ومتكبر على التلاميذ، على أن يراعى فروق السن ودرجة النضج للتلاميذ.

2- أن يتروى المعلم عند العقاب على المشاغبات الصغيرة حيث إنه سوف يقتطع من وقت الفصل، بالإضافة إلى أن الحماس والثورة يحيطان بالموقف غالبا، وبعد وقت قليل نجد أن التلميذ المشاغب سينقلب من حالة العدوانية إلى درجة من درجات التعاون.

3- عدم تشجيع المناقشات الطويلة التي يمكن أن تتطور إلى مجادلة، حيث إن مثل هذا الحدث لا يعزز مناخ التعليم في الفصل.

4- إعطاء التلاميذ فرصة أكبر للاختيار وتحمل المسئولية بالطريقة التي يفضلونها، حيث إن ذلك يساعدهم على النضج، والتحمس للمدرسة.

5- أن تتوافق أهداف المعلم مع ممارساته اليومية، حتى لا تضطرب أفكار الطلاب عندما يرفض المعلم سلوكا معينا في يوم ثم يتغاضى عن نفس السلوك في يوم آخر.

6- أن يكون لدى المعلم بعض المرونة للتمييز بين مشكلات السلوك وبين الهفوات العادية لدى الطلاب.

7- أن يضع المعلم تصورا للمهام التي ينبغي أن تحدث في حجرة الدراسة، والتدرب على المعاملات اليومية مع الطلاب.

8- تركيز الانتباه نحو الطلبة ذوى التحصيل المنخفض، والطلبة الذين يحصلون على درجات عالية ومدحهم كلهم، وعلى المعلم بقدر الإمكان استخدام التقدير والإثابة والعقاب والإنذار للطلبة بذكاء.

9- على المعلم أن يهمل الطلبة الذين يعاملونه بفظاظة أو خشونة بالانشغال في المحادثة مع الآخرين أو مدح وإثابة الطلبة المهذبين.

10- على المعلم أن يراعى فرق السن بينه وبين الطلاب، حيث إن العديد من المعلمين يحاولون تأكيد شعبيتهم من خلال التبسط مع الطلاب وهذا يمكن أن يؤدى إلى مشكلات كثيرة.

11- إن الطلبة كما يدرسون المواد الدراسية يدرسون أيضا المعلم، ويعطونه ما

يعتقدون أنه يريده، ولهذا على المعلم أن يظهر للطلاب رغبته في فصل متعاون سعيد بلا شغب.

-12 على المعلم أن يكون طبيعيا ولا يحاول أن يخدع الطلاب - مثل أن يختلق أفعالا أو سلوكا ليس فيه - فإن هذا قد يخلق عدة مشكلات.

-13 عادة ما يأخذ الطلبة أول اقتراح يعرض عليهم، وعلى ذلك يجب على المعلم أن يتأنى في عرض أفكاره على الطلبة.

-14 على المعلم أن يعيد تشكيل الأهداف ويصرح بها للتلاميذ، لكي يساعد الطالب في أن يحدد ماذا يريد ولكي يعمل الطالب والمعلم معا على تحقيق هذه الأهداف.

-15 على المعلم أن يضع خطة متكاملة عند دخوله حجرة الدراسة شاملة عدة بدائل إذا حدث خطأ ما في حجرة الدراسة، والإجراءات الطارئة الواجب إتباعها، والخطة المقبلة.

-16 على المعلم أن يثابر ولا يصاب باليأس في معاملاته مع الطلبة، ولا يتوقع أن يكون هناك تغير في السلوك يأتي سريعا.

التدريب على سياسات التعامل مع الغضب في حجرة الدراسة [٢٠]:

-1 هذه السياسات تدعم قدرات المعلمين للتعامل مع غضب الطلاب، وتخفيف رد الفعل للضغوط النفسية الناتجة عن الغضب بالإضافة إلى تحسين بيئة التعلم في حجرة الدراسة، وعلى المعلم أولا أن يأخذ نفس عميق وعمل بعض التمارين لعضلات اليد، ورفع الأرجل والركبة على الجزء السفلى من الدرج، فهذه التمارين تساعد على تنشيط العضلات كما تساعد على نقص تدفق الإدرينالين إلى الجسم فتساعد على الإحساس بالهدوء.

2- عندما يكون التلميذ غاضبا من المعلم، فعلى المعلم أن يتحاشى التركيز في عين الطالب، لأن ذلك يمكن أن يصعد من قوة وحدة الصراع، وبدلا من ذلك عليه أن ينظر فوق كتف أو أذن التلميذ الذي يكلمه، وإذا نجح التلميذ في إثارة المعلم وأفقده رباطة جأشه فعليه أن يستعين بشخص آخر ليهدى التلميذ بطريقة غير عنيفة.

3- إذا اعتقد المعلم أن حجرة الدراسة بأكمله سوف يتأثر نتيجة لتصاعد موقف الغضب، فعليه أن يوقف الدرس وأن يجعل تلاميذ حجرة الدراسة يؤدون بعض التمارين البسيطة، حتى يتخلصوا من الإدرينالين الزائد في أجسامهم نتيجة الإثارة والغضب، وبعد التغلب على السلوك المعوق لعملية التعلم، يعمل المعلم على خلق مناخ تعليمي تعاوني.

4- على المعلم أن يتجنب الألعاب التنافسية وكل الألعاب التي يمكن أن تصعد سلوك الشغب بين الطلبة.

التدريب على السياسات ذات المدى القصير للفصول المشاغبة [٢١]:

هناك خطة سريعة على المعلم إتباعها لكي يتعلم التلاميذ كيفية التحكم في سلوكياتهم:

1- توضيح الموقف وتعريف التلاميذ كيف يكون رد فعل ذلك السلوك على المعلم وعلى الآخرين من مشاعر، وماذا وراء الغضب؟ هل هناك حاجة أساسية للاحترام أو الخوف من الرفض؟ هل القضية هي الحفاظ على أمن الشخص أم أمن الآخرين أم هي الخوف من الإدارة والسلطة الأبوية؟

2- على المعلم التحقق من مسئولياته وتوقعاته تجاه فصله، وعليه التأكد من

واقعيتها ثم يتعهدها بالرعاية، وذلك بان يحدد احتياجاته وأهدافه وبعد ذلك يقرر حدوده الشخصية والمهنية التي يجب التعامل بها مع حجرة الدراسة، أيضا يحدد القواعد الأساسية للحفاظ على هذه الحدود كما علية أن يختار بعض الحوافز الايجابية التي تدفع الطلاب للتعاون معه.

3- يجب على المعلم أن يشمل التلاميذ في خطته لانضباط السلوك، والبدء بتفسير أو توضيح آماله وأهدافه لهذه الخطة، ثم مراجعه توقعاته فيما يمكن أن يحدث ثم التعرف على المشكلة ودعوة التلاميذ لتحديد مسئولياتهم واحتياجاتهم وأهدافهم كتابة تجاه الفصل والمدرسة، وإشراك التلاميذ في وضع الأحكام والعقوبات على التصرفات الغير ملائمة، ثم تفسير هذه الأحكام للتلاميذ من ناحيتي المميزات والعواقب، ويجب التأكد على أهم عنصر وهو الاحترام المتبادل.

4- مراعاة احترام حقوق التلاميذ في اختيار سلوكهم الشخصي، ومساعدتهم كي يحترموا ويتفهموا مسئوليات المعلم في استخدام أساليب الثواب والعقاب الذين ساعدوا في تحديدها.

إن العمل على مشاركة التلاميذ والوضوح والتفهم ثم الثبات على المبدأ هي التي يجب أن تركز عليه هذه الخطة، ولكي نخلق فصل متعاون بدون مشاغبات، كما أن أنسب وقت لكسب التلاميذ وتشجيعهم على الانضباط هو خلال الأسابيع الأولى من العام الدراسي، فيناقش المعلم الغضب والتعاون والهدف من تعليم المواد الدراسية، فالتلاميذ عادة ما يحتاجون إلى الفرص للتعبير عن أنفسهم بأساليب إيجابية في بداية العام الدراسي.

منهج تعليم القيم التربوية:[٢٢]

أوصت إحدى الدراسات أنه عند بحث مشكلة العنف والعوامل المؤدية إليه أن هناك مجالين لابد من التأكيد عليهما وهما تعليم القيم التربوية والتدريب على حل النزاع، على أنهما مفاتيح الحد من العنف في المدارس.

وهناك خمسة قيم تربوية يمكن الإفادة منها عند وضع مناهج تعليم القيم واكتسابها ويمكن أن تستخدم كبداية وهى:

1- إن المدرسة هي المكان الذي يجب أن يشعر فيه الفرد بالأمان.
2- إن المدرسة هي المكان الذي يجب أن يتعلم فيه الفرد.
3- إن المدرسة هي المكان الذي لا يمكن السماح فيه بالظلم أو العنصرية أو التحيز لجنس على الآخر.
4- إن المدرسة هي المكان الذي يجب أن يكون فيه كل فرد ذات قيمة وجدير بالاحترام.
5- إن المدرسة لكل التلاميذ والمعلمين والإداريين والوظائف المعاونة وليست فقط للأحسن أو للأفضل سلوكا أو لأعضاء مجموعة معينة.

وعلى صعيد آخر أقر المؤتمر الدولي للتربية في دورته الرابعة والأربعين مشروع إطار العمل المتكامل بشان التربية من أجل السلام وحقوق الإنسان والديمقراطية وهو يستند إلى التوصية الخاصة بالتربية من أجل التفاهم والتعاون والسلام الدولي وذلك من أجل وضع توجهات جديدة لتعليم المواطنين في العالم وقد حدد المشروع غايات التربية من أجل السلام وحقوق الإنسان والديمقراطية ومن أهمها:

1- أن تنمى التربية لدى الفرد روح التمسك بالقيم العالمية وأنماط السلوك التي تقوم عليها ثقافة السلام.

2- تنمية القدرة على تقدير قيمة الحرية وتعزيز المهارات اللازمة لمواجهه تحدياتها

3- تنمية القدرة على تبين وقبول القيم الماثلة في تنوع الأفراد والأجناس والشعوب والثقافات.

4- تنمية القدرة على حل النزاعات بلا عنف، وبالتالي عليها أن تعزز الاطمئنان الداخلي في نفوس الطلبة بحيث ترسخ عندهم صفات التسامح والرحمة والعطاء والرفق.

5- تعليم المواطنين احترام التراث الثقافي من أجل الانسجام بين القيم الفردية والجماعية، والاحتياجات الأساسية العاجلة والمصالح البعيدة المدى.

6- تنمية مشاعر التضامن والعدل على الصعيدين الوطني والدولي.

7- تضمين المناهج الدراسية دروسا عن السلام وحقوق الإنسان والديمقراطية، وأن تكون المضامين التربوية في هذه المناهج تشمل تعليما لروح المواطنة وشروط بناء السلام وأنواع النزاعات وأسبابها وآثارها والأسس الأخلاقية الدينية والفلسفية التي تستند إليها حقوق الإنسان، كما ينبغي التركيز في إصلاح المناهج الدراسية على معرفة ثقافة الآخر وفهمها واحترامها [٢٣].

وعلى هذا الأساس فقد تبنت الولايات المتحدة مدخل تعليم القيم للحد من حوادث العنف في المدرسة خاصة المتعلقة بالتعصب إلى جنس أو ثقافة أو دين معين.

برامج تدريب الآباء:

هدفها العام هو تعليم الآباء وتدريبهم على علاج العنف، وعن طريق هذا التدريب يمكن علاج العنف من خلال عملية التعلم الاجتماعي في الأسرة كما أن هدف هذا التدريب هو التعديل في مناخ أو بيئة الأسرة الاجتماعية فالآباء يتعلمون تعديل السلوك السابق الذي نتج عنه العنف لدى الأطفال وتحسين العلاقات العائلية وحل المشكلات وهذا التدريب يعمل على تعديل أسلوب التعامل بين الآباء والأبناء.

خصائص البرنامج:

هناك ستة قضايا مهمة يتعرض لها البرنامج بالنسبة لكفاءة الآباء:

1- التشخيص والتركيز على المشكلات السلوكية.
2- التأكيد على السلوك الايجابي.
3- إصدار الأوامر المناسبة.
4- استعمال التأديب المناسب لتصرفات الأبناء وأعمارهم.
5- الصراحة الواضحة في التعاملات مع الأبناء.
6- تقييم المشكلات وحلها مع المقارنة بالبيئات المحيطة.

ومعظم البرامج تعلم الأسر مهارات إدارة سلوك الطفل عن طريق إرساء لبعض المفاهيم مثل كيفية الحوار والمناقشات بين أفراد الأسرة - قواعد اللعب - مهمة الواجبات المنزلية.

ويتقلى الآباء بعض التدريبات لأساليب إدارة الأسرة مثل:

1- التعزيز المادي والاجتماعي.

2- منهج التأديب بالأساليب السلمية والتي لا تؤدى إلى العنف.

3- مراقبة أوقات الفراغ لدى الأبناء وكيفية الاستفادة منها.

4- منهج حل النزاعات واستراتيجيات المفاوضة.

والبرنامج يتطلب ٢٠ ساعة لكل جزئية ويشمل زيارات منزلية وواجبات منزلية وهناك أدلة واضحة على فعالية هذا التدريب - قد رصدتها العديد من البحوث - في الإقلال من عنف الأطفال ولكن لسوء الحظ فإن فعالية تدريب إدارة الآباء تتحدد بالأسرة وعناصر المعالجة، وقد أوضحت البحوث أن نموذج إصلاح النقص في المهارات الوالدية ليس كافيا لتقليل عنف الأطفال خاصة، عندما يواجه الآباء مشكلات العزلة أو نقص الموارد، ومواجهة مستوى عال من الضغوط، ولهذا فقد تم تعديل ذلك البرنامج وقد سمى البرنامج الشامل لتدريب أولياء الأمور.

البرنامج الشامل لتدريب أولياء الأمور:

ويعمل هذا التدريب على تعديل الأحوال الداخلية والخارجية التي تواجه الآباء للعمل بفاعلية مع أطفالهم، كما تركز على الإقلال من الضغوط التي تواجه بيئة الأسرة مما سوف يشجع الأهالي على استخدام سياسات البرنامج.

خصائص البرنامج:

تم تعديل البرنامج على أن يكون ٣٠% من وقت المعالجة يركز على مشكلات توافق الوالدين مثل الخلافات والإحباطات الزوجية، كما عمل البرنامج على إضافة تدريب مهارات الآباء والأبناء على التحكم في الذات، كما عمل الباحثون على التوسع في البرنامج عن طريق التركيز على خصائص الشخصية الوالدية مثل التحكم في الغضب، طرق الحصول على الموارد، حل المشكلات بين البالغين.

أما المجموعة الثانية من برنامج التدريب الموسع تتكون من برامج تركز على عوامل توافق الوالدين مثل سلوك الأطفال والتوافق الشخصي والزواجي والعلاقات خارج الأسرة.

والمجموعة الثالثة التي عملت على توسع برنامج تدريب الآباء فهي تحتوى على برامج للتدريب على الاختلاط بالبيئة المحيطة والتدريب على الكفاية الذاتية، وهذا النمط يؤكد على تعزيز اهتمامات الأسرة وإدراكهم للأحداث الخارجية.

تدعيم دور الأسرة:

إن النتائج قصيرة المدى والغير عامة التي رصدها الباحثون للبرامج والتي تتضمن التوسع في المشكلة بمعناها الضيق وهى معالجة النقص في المهارات الوالدية بطرق سريعة أفضل من التركيز ببطء على العوامل الخاصة بالطفل أو الخاصة بالأسرة فقط، ولهذا فإن معالجة الأسرة يركز على العلاقات الداخلية بين أفراد الأسرة التي لها علاقة بالسلوك العنيف للأطفال، وينطوي العمل في هذا البرنامج على التدخل لمساعدة أفراد الأسرة للتغلب على مقاومتهم للتغيير.

وأنماط علاج الأسرة تشمل المدخل التحليلي، والمدخل الاستراتيجي، والمدخل البنائي والوظيفي، ولاقي المدخل البنائي والوظيفي لعلاج الأسرة نجاحا في محاولات مقاومة العنف عند الطلاب.

خصائص البرنامج:

إن الهدف من هذا البرنامج هو إعادة بناء أنماط الأسرة الداخلي والنظام الفرعي للأسرة (مثل الزوج - الزوجة، الوالدين - الطفل)، وأنماط الأسرة يمكن أن تميز إلى نوعين: الأسرة المتضامنة والأسرة الغير متضامنة، فالأسرة

المتضامنة تمنع الأطفال من تحقيق ذاتهم، كما أن الأسرة الغير متضامنة لا تمد أطفالها بالتعزيز المناسب مثل إطاعة القانون واحترام السلطة فهذا يجعل الطفل ضعيف الاستعداد للتكيف داخل المدرسة، ولهذا يضطر الطفل إلى استخدام طرقه الخاصة للتكيف فيصبح عنيفا متمردا.

النموذج متعدد الأنظمة:

يعالج هذا النموذج متعدد الأنظمة عنف الأطفال من خلال طبيعة المجتمع الخارجي للطفل (الأسرة - المدرسة - نوعية الزملاء) ويرى الباحثون أن علاج الطفل بالإضافة إلى علاج الأسرة سوف يحسن من نتيجة التعامل مع الطفل المتمرد على المدى الطويل، كما أشارت البحوث أن برنامج تدريب الآباء بالإضافة إلى تدريبات حل النزاع أكثر تأثيرا في علاج المراهقين المتمردين أكثر من برنامج تدريب الآباء بمفرده. والهدف من النموذج المتعدد هو تحديد كل العوامل المختلفة المسببة للسلوك العدواني.

وهدف البرنامج هو مقاومة الطفولة العنيفة فهو يرى سوء توافق الطفل كمشكلة تتمادى من خلال نظم بيئية متعددة، كما يرى أن الطفل العنيف مطوق بإحكام بنظم متعددة مزدوجة، كما يركز على أهمية التفاعلات بين الفرد والبيئة وأشكال المقاومة كعنصر مزعوم للموازنة بينهم، وهذا العلاج البيئي يؤكد على تحسين البيئة وتعديل العمليات السلبية والاحتمالات التي تقابله في المنزل والمجتمع المحيط. [٢٤]

وبعد استعراض تلك الجهود السابقة يكون من الحقائق أن أحدا لا يعرف ما يحدث في المدرسة أكثر من الطلاب أنفسهم ولابد أن يكونوا مسئولين مع إدارة المدرسة عما يحدث، وعلى الكبار أن يساعدوهم على فهم هذه الحقيقة وأن يعلموهم الطرق الملائمة للتعامل مع العنف وأولئك الذين يسببونه.

كما يلاحظ بعد استعراض الجهود لدى تلك الدولتين اختلافا كبيرا بين الجهدين وذلك لتباين حجم العنف ومظاهرة بين البلدين وأيضا العوامل المسببة له، وعند مقارنة هذه العوامل بالعوامل المسببة للعنف في مصر يلاحظ أن هناك اختلافا واضحا تبعا لاختلاف الظروف الاقتصادية والاجتماعية، ويلاحظ ذلك أيضا في صور أشكال العنف في مدارس مصر والدول المشار إليها، وعلى ذلك فعند النظر إلى جهود البلدين ينبغي مراعاة هذه العوامل كما لابد أن يراعى اختبار مدى فاعلية تطبيق سياسة معينة للحد من ظاهرة العنف في المدارس الثانوية. وهناك سياسات معينة مفيدة في هذا المجال وهو إعداد وتدريب المعلمين على إدارة حجرة الدراسة وكيفية التعامل مع شغب الطلاب بالطرق السلمية، وتضمين المناهج دروسا عن القيم والسلام واحترام حقوق الإنسان والديمقراطية والآثار السلبية للعنف والأضرار الناتجة عنه.

هوامش الفصل الرابع

١- ماريانو نارودوسكي: نظام الإنذارات لعلاج سوء السلوك، مستقبليات، مج ٢٨، ع ٤، ديسمبر ١٩٩٨ ص ص ٥٥١- ٥٥٦.

٢- ديفيد أ. تيرنر: الإصلاح المدرسي في انجلترا، مستقبليات، مج ٢٨، ع ٤، ديسمبر، ص ص ٥٣٩ – ٥٥٠

3- GOLD,- VERONICA. CHAMBERLIN, - LESLIE-J: School/Student Violence: A primer American - Secondary - Education v. 24 no3 (96) p.27-32

4- CAMERON,-R-J: School Discipline In The United Kingdom - Promoting Classroom Behavior Which Encourages Effective Teaching And Learning, The - School - Psychology - Review. V. 27 No1 (98) P.33-441

5- CARPENTER-WADE-A: Violence - Reality Must Inform Theory, Kappa-Delta- PI-Record. V. 35-no1 (Fall 98) P.10-13

6- GOLD, VERONICA, Chamberlin -Leslle-J School/Student Violence -Aprimer OP.CIT

7- CREATE AN Anti-Violence Battle Plan For Your School, Curriculum - Review. V 38 No1 (Sept. 98) P 4-5

8- CAMERON, R, J: School Discipline In The United Kingdom: OP Cit P. 33-44

9- TRUM, KENNETHS: Security Policy - Personnel And Operation In School Violence Intervention, Goldstein Arnold P & Conoley Ny. 1997, PP264-289

10- Gold,- Veronica; Chamberlin,-Leslie-J:School/Student Violence - Aprimer, op.Cit,p.24-32

11- For More Information (www.state.sc.us/sde/reports/charlink.htm)

12- National School Safety Center, 4165 Thousand Oaks Blvd, Suite 290, Westlake Village, Ca 91362. PH. 805/373-9977

13- Center For Research And Development IN Law - Related Education, 2714 Henning DR, Winston - Salem, No 57106-4502. PH. 800/437-1054

14- Community Board Program 1540 Market ST., Suite 490, San Francisco, CA 94101.Ph. 415/552-1250.

15- Educators For social Responsibility, School Conflict Resolution Programs, 23 Garden St. Cambridge, Ma 02138. PH.617/492-1764.G

16- For More Information Or To Schedule An Inservice Program,Contact Anne Farmer, DIRECTOR Of Planning And Administration- 1-800-745-0418 Or E-Mail Lasd

17- For More Information Or To Schedule An Inservice Program, P.O.Box 880,Laluz,Nm USA 88337- 800-745-0418-Fax 505437-0524 E-Mail: Iasd@Wazoo.Com

18- Gable,-Robert-A;Manning,-M,-Lee; Bullock,-Lyndal-M: An Education Imperiled: The Challenge To Prepare Teachers To Compat School Aggression And Violence, Action-In - Teacher-Education. V.19 (Spring 97) P.39-46

19- Gold,-Veronica; Chamberlin,-Leslie-J: Ways To Reduce Student Behavior Problems, American - Secondary - Education. V. 24 (Aug, 96) P.30-1

20- Roper,-Dale-Ann-D: Facing Anger In Our Schools. The - Educational-Forum V.62 NO4(Summer 98) P.363-8

21- Ibid.

22- Jones, Paul-L: Values Education, Violence Prevention, And Peermedlation: The Triad Against Violence In Our Schools, Educational Horizons. V. 76 No4 (Summer 98) P, 177 -81

٢٣- مشروع إطار العمل المتكامل بشأن التربية من أجل السلام وحقوق الإنسان والديمقراطية " المؤتمر الدولي (جنيف ٣-٨ أكتوبر ١٩٩٤)

24- Arnold P.Goldstein & Jane Close Conoley: Families With Aggressive Children And Adolescent,in School Viplence Intervention, Goldstein, Arnold P & Conoley, ny., 1997, pp335-348,

الفصل الخامس

تصور مقترح لآليات مواجهة العنف لدى الطلبة والحد منه بالمدرسة الثانوية في مصر

الفصل الخامس

تصور مقترح
لآليات مواجهة العنف لدى الطلبة والحد منه
بالمدرسة الثانوية في مصر

تقوم فكرة هذا التصور لآليات مواجهة العنف، والحد منه، لدى الطلبة بالمدرسة الثانوية في مصر، وفلسفته التي ينطلق منها على تضافر الجهود المجتمعية للمؤسسات المختلفة في المجتمع، كالأسرة، والمدرسة، والإعلام، ورجال الدين، وسيادة القانون، وثقافة القانون، والشرطة المتخصصة، وتضافر هذه الجهود يكون منظومة متكاملة ومترابطة ومتناغمة مع مقومات المجتمع المصري وقيمه النبيلة التي اكتسبها عبر تاريخه الطويل من مرجعيات مختلفة تاريخية، دينية، وعربية وغيرها، وهذا التكامل والترابط لهذه الجهود يؤدى في النهاية إلى مواجهة العنف لدى الطلبة ومقاومة هذه الظاهرة المؤسفة، والحد منها، والتي تعد بحق ظاهرة غريبة على النسيج الاجتماعي للمجتمع المصري المتدين بطبيعته فعرف التسامح واحترام الأديان، واحترام الحقوق، واحترام الجوار، عرف القيم السامية والتقاليد الراسخة، التي لا تقر عنفا ولا تقبله اجتماعيا ومن ثم لا تسمح به بالمرة، فهو سلوك منبوذ ومستهجن.

ويتم وضع هذا التصور المقترح في الشكل الدائري، حيث يكون العنف الطلابي في مركز الدائرة، وتكون على المحيط الآليات المختلفة لمواجهة ذلك العنف ومقاومته والحد منه لدى الطلبة بالمدرسة الثانوية، وجعلها مدرسة آمنة وخالية من العنف ومظاهره. ويوضح الشكل التالي هذا التصور:

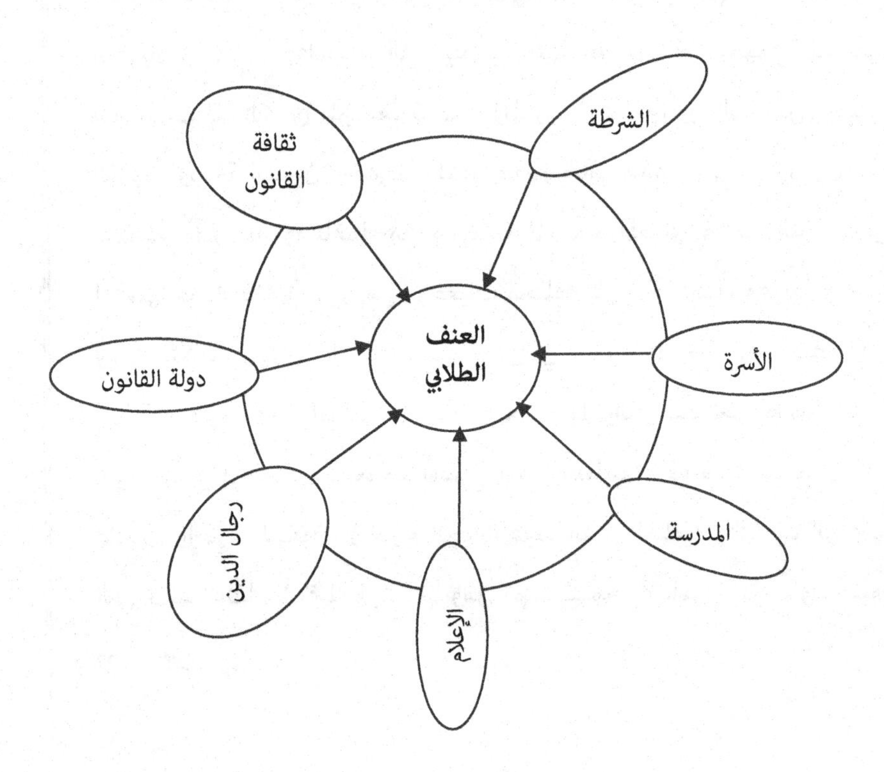

ويمكن توضيح آليات هذا التصور على الوجه التالي:

الأسرة:

من الثابت أن الأسرة هي الوحدة الاجتماعية الأساسية في بناء المجتمع، وهى أولى المؤسسات الاجتماعية في التنشئة الاجتماعية، ولا يعد من نافلة القول: إن صلاح الأسرة وقيامها بدورها الاجتماعي ومسئولياتها التربوية تجاه أبنائها يؤدى إلى أن يشبوا على مكارم الأخلاق، والخصال الحميدة، ويتحلوا بالقيم السامية، وأنماط السلوك السوية، ويتحصنوا ضد كل ما هو فاسد وسالب. ومن المدهش أنه قد يشار إلى الأسرة بإصبع الاتهام على أنها لم تؤد دورها المنشود في تنشئة أبنائها، ومن ثم تكون الأسرة - وللأسف - من عوامل تكوين العنف وأسبابه لدى أبنائها، ويشار إليها أيضا على أنها من آليات اختفاء العنف لدى الأبناء، لما لها من دور جد مهم، وفعال في التربية الأسرية ورقابة الأبناء وتوجيههم، لتكوين أبناء متزنين نفسيا واجتماعيا، فالأسرة عامل مهم في تربية الأبناء والإشراف عليهم. ومن ثم:

1- يكون من الضروري تعزيز آليات تكوين الوعي لدى الأسرة بأهمية دورها التربوي، ومسئوليتها الاجتماعية عن أبنائها عامة، وفى المرحلة الثانوية خاصة، لخطورتها، حيث تناسب مرحلة المراهقة في عمر الأبناء، ونضجهم الاجتماعي، والنفسي، والوجداني، وتكوين الاتجاهات والميول المهنية، وغيرها. ومن ثم يكون على الآباء عدم الملل وإظهار الضيق والضجر من مشكلات الأبناء، وانحرافاتهم السلوكية في هذه المرحلة العمرية، وتوجيههم نحو الالتزام بالقيم والأخلاق الحميدة، والسلوك القويم، والتدين، والتحلي بآداب الدين، والالتزام بأداء الصلاة في أوقاتها.

2- ويكون على الأسرة تقديم القدوة الطيبة، والأسوة الحسنة لأبنائها، وتقديم النماذج السلوكية الطيبة لهم، من خلال احترام الآباء للقيم والقواعد السلوكية الدينية، ودعوة الأبناء للاهتداء بها دائما.

3- ولأن العنف بين الطلبة لا يظهر بين يوم وليلة، بل له رواسب تمتد لعملية التنشئة الاجتماعية، فيكون على الآباء تقليل الميول العدوانية، والميول العنيفة، من خلال أساليب التسامح والحوار، والمشاركة في اهتمامات الأبناء. وأن يتصف الوالدان بالتسامح أحيانا مع الأبناء وتقبل سلوكهم، وعدم اللجوء إلى العقاب دائما، لان العنف يولد عنفا. ومن ثم يكون عنف الأسرة ضد أبنائها - والزائد عن حد التربية وتهذيب السلوك - خاضعا تحت طائلة القانون أي يكون من اللازم تجريم عنف الأسرة ضد أبنائها الصغار.

4- تعمل الأسرة على الاتزان في تربية الأبناء بلا قسوة وعنف، أو تدليل وتهاون.

5- التدريب المستمر للأبناء داخل الأسرة على آداب الحديث والحوار، واحترام هذه الآداب والالتزام بها عند الحديث مع الغير.

6- ترشيد الأبناء لحسن اختيار الأصدقاء كنماذج بشرية جيدة، والبعد عن قرناء السوء.

7- ابتعاد الوالدان داخل الأسرة بمشكلاتهم وخلافاتهم قدر الإمكان عن عيون الأبناء ومسامعهم.

8- يعمد الآباء على مشاهدة البرامج التليفزيونية وأفلام العنف مع أبنائهم ومناقشتهم في مشاهد الأفلام والبرامج بطريقة تربوية هادفة، بدلا من قمعهم عن إبداء آرائهم فيها، ومساعدة الأبناء على التحليل والنقد البناء، وتكوين مشاعر الكره نحو العنف ونبذه.

9- تفعيل الدور التربوي للأسرة حتى لا تفقده، والتي كادت بعض الأسر أن تفقده فيفقد الأبناء القدوة والمثل العلى. وتفعيل هذا الدور يكون عن طريق المؤسسات الاجتماعية المختلفة الأخرى. لأنه من الجدير بالذكر أن جهود الأسرة سوف تكون ضئيلة ومضمحلة إذا أقدم الأبناء على سلوكيات منحرفة وأخلاق سيئة إذا لم تتعاون وتتضافر جهود تلك المؤسسات الاجتماعية الأخرى مع جهود الأسرة، وهذا الجهد من جانب الأسرة وتفعيله يحتاج دعما مستمرا من جانب المدرسة، ووسائل الإعلام، ورجال الدين، والشئون الاجتماعية، والشرطة، والمجتمع كافة حتى يكون المجتمع مجتمعا مربيا، يلتزم الأبناء بتقاليده وأعرافه وقيمه الراسخة.

المدرسة:

من الثابت في أدبيات التربية أن المدرسة هي المؤسسة التي أقامها المجتمع لتعليم أبنائه وتربيتهم، وتوجيههم الوجهة المنشودة اجتماعيا وعلميا. وعلى هذا الأساس فإن أحد نواب الشعب إبان توجيه طلب الإحاطة السابقة الذي قدمه إلى السيد وزير التربية والتعليم بشأن العنف في المدارس، يقول:

نحمل المدرسة والمسئولين عن التربية والتعليم مسئولية إعداد الطلاب وتهيئتهم تهيئة علمية وأخلاقية، حتى نقدم النماذج المشرفة لهذا المجتمع. وبذلك يشير السيد النائب بإصبع الاتهام إلى المدرسة والمسئولين فيها ويحملهم المسئولية، مثل ما أشير بإصبع الاتهام إلى الأسرة من قبل على أنها لم تؤد دورها المنشود في تنشئة أبنائها.

ويرى الباحث أن وجهة النظر التي تحمل المدرسة والمسئولين عن التربية والتعليم مسئولية العنف لدى الطلاب هي وجهة نظر ينقصها الإدراك الكامل، لأن المدرسة مؤسسة من مؤسسات المجتمع، وتتأثر بما هو موجود في المجتمع. وطلابها هم أبناء ها المجتمع، وكما يكون المجتمع تكون المدرسة فيه.

ومن ثم يلزم:

1- تفعيل الدور التربوي والخلقي للمدرسة الثانوية، بدعم الجوانب الخلقية والروحية في البرامج الدراسية، وزيادتها لمواجهة مشكلات العصر، وأن تصاغ هذه الجوانب صياغة حضارية تحمى الطلاب من التردي في براثن الجرائم الخلقية والانحرافات السلوكية، والتطرف الفكري، وضرورة أن يكون في كل مدرسة ثانوية مرشد أو رائد ديني يتعامل مع السلوكيات المنحرفة اجتماعيا وتربويا، ويختلف دوره المنوط به وعمله التربوي عن عمل ودور معلم التربية الدينية والأخصائي الاجتماعي. وذلك حتى لا يغيب البعد الديني لدى بعض الطلاب، وما يترتب على غيابه من انحرافات سلوكية وهذا التكوين الديني والخلقي لدى الطلاب يكسبهم التحصين والمناعة الاجتماعية والخلقية في مواجهة الإغواء.

2- تفعيل الدور التربوي لمجالس الأمناء والآباء والمعلمين، دعما وتوثيقا للأهمية التربوية لربط المدرسة بالمنزل والمجتمع ودراسة حالات السلوك المنحرف أو السلوك العنيف من الطلاب، واحتواء هذه الحالات وعلاجها.

3- استثمار تكنولوجيا المعلومات في إنشاء قواعد بيانات عن الطلبة المنحرفين وذوى السلوك العنيف في كل مدرسة ثانوية على المستوى الإجرائي، وكذلك على مستوى الإدارة التعليمية. والمديرية بكل محافظة، ومتابعة هذه الحالات

والإرشاد المقدم لها بقصد العلاج والعودة إلى السوية وعمل الإحصاءات البيانية لتحسن هذه الحالات واستجاباتها العلاجية ورصد الحوافز المادية والمعنوية لهذا الفرص.

4- الاهتمام ببيئة المدرسة من حيث توفر الأفنية والملاعب والحدائق وقاعات الدرس النظيفة جيدة الإضاءة والتهوية، سليمة النوافذ والمقاعد وغيرها حتى تكون بيئة المدرسة بيئة صالحة للتعليم والتربية بالفعل، تسودها القدوة الطيبة من المعلمين الممتازين علما وخلقا وسلوكا، حتى تكون بيئة صالحة آمنة خالية من العنف سواء من جانب المعلمين أو من جانب الطلاب.

5- الاهتمام باختيار العناصر القيادية الجيدة والحازمة لإدارة المدرسة الثانوية، وتفعيل دورهم التربوي في قيادة المدرسة وإدارتها وحل المشكلات السلوكية للطلبة في جو ودي وأبوي يكون له من الآثار الايجابية العظيمة في الرعاية من جانب إدارة المدرسة والتفهم من جانب أولياء الأمور.

6- الحزم من جانب مديري المدارس الثانوية والقائمين على إدارتها في تعاملهم مع الطلاب وذلك بتطبيق اللوائح المدرسية على مخالفات الطلاب دون تهاون أو مجاملة.

7- الاهتمام بعمليات التوجيه والإرشاد التربوي والنفسي للطلاب بصفة عامة والمشكلين منهم بصفة خاصة، ويستدعى ذلك زيادة أعداد الإحصائيين الاجتماعيين والنفسيين والمرشدين التربويين، ومتابعة أعمالهم من قبل إدارة المدرسة والإدارة التعليمية وكذلك متابعة الحالات الطلابية التي يقوموا بتوجيهها تربويا ونفسيا ويكون من الواضح أن التدخل المبكر واحتواء الانحرافات السلوكية يزيد من النجاح الاجتماعي والأكاديمي للطلاب، فهذا التدخل يكون أكبر حاجز ضد العنف.

8- وضع مجموعة من المفاهيم في مناهج التعليم تدعو إلى احترام حقوق الإنسان والتسامح ونبذ العدوان، والحوار بدلا من العنف، وتقبل الآخر، وكل ما يؤدى إلى مجتمع مسالم آمن خال من العنف.

9- الاهتمام بالأنشطة التربوية الحرة أو اللامنهجية (اللا صفية) كأسلوب تربوي محبب لدى الطلاب يمتص طاقاتهم الزائدة، ويوجه نشاطهم توجيها تربويا مقصودا.

10- يمكن للمدرسة إفراغ شحنة العنف والميول العدوانية لدى الطلاب بأسلوب تربوي عن طريق ممارسة الرياضات العنيفة والتي فيها شيء من مظاهر القوة الجسدية كألعاب الدفاع عن النفس، والجودو، والكاراتيه، والمصارعة، والملاكمة.

11- وضع مقررات في الثقافة القانونية تتناسب مع مستوى المرحلة الثانوية تهدف إلى تربية الطلاب على المسئولية الاجتماعية والقانونية بأبعادها المختلفة، وترسخ الثقافة القانونية لدى الطلاب بالمرحلة الثانوية حتى يسود لديهم الإحساس بالمسئولية والالتزام بقواعد القانون وأحكامه وعدم الخروج عليه، ويدرس الطالب في هذا المقرر اللوائح المدرسية والنظام المدرسي وغير ذلك من ثقافة قانونية هادفة.

12- تعمل المدرسة على زيادة الوعي المدرسي بين الطلبة بأخطار العنف ومضاره الاجتماعية والاقتصادية والتعليمية والنفسية وغيرها، وزيادة هذا الوعي المدرسي يكون بعمل برامج للتوعية، متنوعة ومستمرة لتحقيق هذا الغرض التربوي.

13- تقوم المدرسة بإعداد ندوات عامة لجمهور المستفيدين من أولياء الأمور

والطلاب وغيرهم يكون موضوعها - لماذا يكره الناس العنف؟ ولماذا هو غير مقبول اجتماعيا؟ وتدعو المدرسة لهذه الندوات العامة رجال الدين وبعض المسئولين، حتى تحقق هذه الندوات أهدافها التربوية في التوعية بمخاطر العنف لدى الطلبة، ونبذه.

14- تقوم المدرسة بالعرض التربوي لبعض أفلام العنف لجميع طلاب المدرسة ودعوة أولياء الأمور لهذا العرض، ويتوقف العرض بين الحين والآخر للتعليق على المشاهد العنيفة واصطدامها بالقيم والثوابت الأخلاقية، وبيان مخاطر العنف، ولا بأس من اشتراك الطلاب في المناقشة والتعليق على تلك المخاطر، ومناقشة كيف يتجنب الطلاب الوقوع فيها، وبذلك تعمل المدرسة على تكوين النقد التحليلي لدى الطلبة، وزيادة وعيهم بمخاطر العنف وآثاره الوخيمة على المجتمع.

الإعـلام:

يشار دائما بإصبع الاتهام إلى الإعلام بوسائله المختلفة ووسائطه المتعددة خاصة المرئية منه، وتحميله المسئولية لدوره البالغ الأثر في ظاهرة العنف بمظاهرها المختلفة لدى طلاب المدرسة الثانوية وحيث يقدم التلفزيون برامج ومسلسلات تجسد العنف بأنواعه ومظاهره المختلفة، فتؤدى إلى انحرافات سلوكية لدى الشباب المشاهد فضلا عن البث الإعلامي الوافد إلينا عن طريق القنوات الفضائية، وشبكات الإنترنت وغيرها من وسائل الاتصالات الحديثة والتكنولوجية، وما لكل ذلك من آثار ضارة على قيمنا وأخلاقنا في نفوس الشباب وانحرافات سلوكية يأتون بها. ولهذا يكون على وسائل الإعلام:

1- تعزيز كفاءة البرامج الدينية والتثقيفية المتلفزة.

2- تقلل أجهزة الإعلام من برامج العنف.

3- ضبط الإيقاع الذي يتسم بالعنف في وسائل الإعلام المختلفة، وتقليل حدة الإثارة لما لها من أثر قوى في وجدان المشاهدين خاصة الطلبة بالمدرسة الثانوية (مرحلة المراهقة).

4- تبرز أجهزة الإعلام الجانب الإنساني والاجتماعي لرجل الأمن في تعامله مع الجريمة والخارجين على القانون، وتبرز أيضا دوره الإيجابي في خدمة المجتمع واستقراره، ومقاومة العنف.

5- يقوم التربويون بتقديم برامج توعية عن مخاطر العنف ومضاره، ويشترك الطلاب وأولياء الأمور مع المسئولين في هذه الحلقات التليفزيونية.

6- تكون العلاقة بين التربويين والإعلاميين علاقة تكاملية تعاونية فكلاهما له دور تربوي.

7- الاهتمام من جانب وسائل الإعلام المرئية ببرامج الأسرة والمشكلات الأسرية المختلفة وخاصة المشكلات السلوكية للأبناء وكيفية التعامل معها بأسلوب تربوي.

8- تعظيم دور الرقيب التربوي في ترشيد البرامج التي تعرض أفلاما ومسرحيات ومسلسلات وغيرها، وتنقية كل ذلك من السلوكيات السيئة والمدمرة للأبناء سلوكيا.

9- تعلى وسائل الإعلام المختلفة من قيمة ثقافة ودعم التسامح، وتعميق قيم المواطنة والانتماء والمشاركة والمسئولية المدنية وتعزيز قيمة الحوار والتفاهم.

10- تبرز دور مؤسسات المجتمع المدني والجمعيات الأهلية في مكافحة العنف.

رجال الدين:

لرجال الدين دور مهم في التوعية والوعظ، والتربية، والحد من ظاهرة العنف لدى الطلاب عن طريق:

1- إلقاء الدروس الدينية في دور العبادة عن مضار العنف ومساوئه لدى الطلاب.

2- يقوم خطباء المساجد ووعاظ الكنائس بمعالجة موضوع العنف لدى الطلاب أثناء الخطب المنبرية، ودروس الوعظ، والتوجيه الديني للشباب.

3- عقد ندوات دينية عامة عن موقف الأديان من العنف بصفة عامة والعنف لدى الطلاب بصفة خاصة، مما يزيد من وعى الطلاب وأولياء أمورهم بالأبعاد الدينية لهذه الظاهرة.

4- عقد المسابقات الدينية بين الشباب في موضوعات عن العنف في حضور رجال الدين، ويتم توزيع الجوائز على الفائزين.

سيادة دولة القانون:

تعمل الدولة بكافة سلطاتها وأجهزتها على سيادة القانون بدلا من سيادة القوة، فسيادة القانون تحمى المجتمع من كل آفاته والاعتداء عل مصالحة ومصالح أفراده، وبذلك يسود مفهوم دولة سيادة القانون بدلا من سيادة شريعة الغاب أو سيادة القوة. لأن القوة في المجتمع أيا كان مصدرها تكرس قيما تعزز العنف وتمجد القوة في حد ذاتها وتضعها فوق القانون الذي ما وجد في المجتمع إلا ليعزز الحق ويحميه من سطوة القوة، وتمجيد القوة وإعلاء قيمتها يدفع البعض إلى الإقتداء بها على حساب القانون.

تعمل سلطات الدولة على الالتزام بالقضاء على مظاهر التسيب من جانب الأفراد والمسئولين على السواء، ومحاسبة المقصر.

تعمل سلطات الأمن في الدولة على تطبيق القانون تطبيقا حاسما وحازما على المخالفين والخارجين على القانون، وتطبيق قواعد الالتزام بالنظام العام والسكينة العامة في الشارع وترسيخ قيمة احترام القانون والمسئولين عن تنفيذه.

ثقافة القانون:

يتم وضع الخطط المجتمعية لمحاصرة ثقافة العنف وخاصة في مجال الإعلام بآلياته المختلفة، وفي مجال الحياة بصفة عامة. وأماكن الزحام وتكدس الأفراد.

والعمل بشكل مجتمعي (تعاون مؤسسات المجتمع) على ترسيخ ثقافة القانون بدلا من ثقافة العنف، لأن في ترسيخ ثقافة القانون ودحض ثقافة العنف احترام لهيبة الدولة وسيادة دولة القانون، واحترام الشرعية الدستورية والقانونية.

الشرطة المتخصصة:

تعمل سلطات الأمن في الدولة على إيجاد شرطة متخصصة لمكافحة العنف لدى الطلاب وهذه الشرطة المقترح إنشاؤها تكون تابعة لأقسام ومراكز الأمن العام وتكون من واجباتها الأمنية مكافحة العنف لدى الطلاب داخل المدارس وخارجها. ويكون لمدير المدرسة الثانوية الحق في استدعاء هذه الشرطة المتخصصة عندما يوجد في مدرسته عنف، أو شغب يعرقل سير الدراسة والنظام بالمدرسة، وتتولى هذه الشرطة واجباتها الأمنية حيال أعمال العنف أو الشغب الواقع من الطلاب و واتخاذ التدابير اللازمة لتقويمهم، واستدعاء أولياء أمورهم للمساعدة في تقويم سلوكهم. كما يقترح الباحث تواجد أحد أفراد هذه الشرطة المتخصصة في كل مدرسة ثانوية لاحتواء مواقف العنف أولا بأول، أو استدعاء تلك الشرطة المتخصصة لمواجهة العنف لدى الطلاب. وقمعه والسيطرة عليه في مهده.

المراجع

أولا: المراجع باللغة العربية

برادي أ. ليفنون: الانضباط ورؤية من المستويات الأدنى، حجج الطلبة ومنطقهم لعدم الانصياع في المدارس الثانوية في الولايات المتحدة، (ترجمة) أسعد حليم، مجلة مستقبليات العدد (١٠٨)، مراقبة الانضباط في المدرسة، مجلد ٢٨، عدد ٤، ديسمبر ١٩٩٨، اليونسكو.

توماس بلات: مفهوم العنف (في المجلة الدولية للعلوم الاجتماعية)، ظاهرة العنف.

جمهورية مصر العربية - مجمع اللغة العربية: المعجم الوجيز - ١٩٩٩.

جون دكت: علم النفس الاجتماعي والتعصب، ترجمة عبد الحميد صفوت، سلسلة المراجع في التربية وعلم النفس، دار الفكر العربي، القاهرة، ط١، ٢٠٠٠.

جين-كلود: تاريخ العنف (في) المجلة الدولية للعلوم الاجتماعية - ظاهرة العنف العدد ١٣٢ اليونسكو.

حسين كامل بهاء الدين: (وزير التربية والتعليم): مضبطة الجلسة الستين.

ديفيد أ. تيرنر: الإصلاح المدرسي في انجلترا، مستقبليات، مج ٢٨، ع ٤، ديسمبر.

ديوبولدب فان دالين: مناهج البحث في التربية وعلم النفس، (ترجمة محمد نبيل نوفل وآخرين)، الأنجلو المصرية، القاهرة، ١٩٨٣.

رئاسة الجمهورية، المجالس القومية المتخصصة: تقرير المجلس القومي للتعليم والبحث العلمي والتكنولوجيا، الدورة الخامسة العشرون، المشكلات السلوكية لطلاب التعليم الثانوي ١٩٩٧، ١٩٩٨.

طلعت إبراهيم لطفي: التنشئة الاجتماعية وسلوك العنف عند الأطفال - دراسة ميدانية لمجموعة من التلاميذ في مرحلة التعليم الابتدائي لمدينة بنى سويف، (في) علياء شكري: الأسرة والطفولة - دراسات اجتماعية، وانثروبولوجية ط ١، دار المعرفة الجامعية، الإسكندرية، (ب - ت).

عاطف عدلي العبد عبيد: صورة المعلم في وسائل الإعلام، دار الفكر العربي، القاهرة، ط١، ١٩٩٧.

عبد الباسط محمد حسن: أصول البحث الاجتماعي، ط٥، مكتبة وهبة، القاهرة، ١٩٧٦.

عبد الحميد سيد منصور، زكريا أحمد الشربيني: الأسرة عل مشارف القرن ٢١، الأدوار - المرض النفسي - المسؤوليات، دار الفكر العربي، القاهرة، ط١، ٢٠٠٠.

على حسن مصطفى: الإعلام التربوي، دار الثقافة للنشر والتوزيع، القاهرة، ١٩٩١،.

على وطفة: هل يمكن للعنف الإنساني أن يفسر على نحو فيزيولوجي، مجلة التربية، العدد ١٢٦، السنة ٢٧، اليونسكو، سبتمبر ١٩٩٨.

غريب محمد سيد أحمد: تصميم وتنفيذ البحث الاجتماعي، دار المعرفة الجامعية، الإسكندرية.

الفريد فيرلان: مشكلات الانضباط في النظام المدرسي في المكسيك (ترجمة) بهجت

عبد الفتاح عبده، مجلة مستقبليات عدد رقم ١٠٨ (مراقبة الانضباط في المدرسة، مجلد ٢٨، عدد ٤، اليونسكو، ديسمبر ١٩٩٨.

القرار الوزاري رقم ٥٩١ لسنة ١٩٩٨ (بشأن منع العنف في المدارس).

ماريانو نارودوسكى: نظام الإنذارات لعلاج سوء السلوك في المدارس الثانوية بالأرجنتين، (ترجمة مجدي مهدي)، مجلة مستقبليات، العدد ١٠٨، مجلد ٢٨، اليونسكو، ديسمبر ١٩٩٨.

مجلس الشعب: (الفصل التشريعي السابع - دور الانعقاد الرابع) مضبطة الجلسة الستين (١٨ ابريل ١٩٩٩).

المجلس القومي للتعليم والبحث العلمي والتكنولوجيا: المشكلات السلوكية لطلاب التعليم الثانوي، الدورة الخامسة والعشرون، ١٩٩٧ - ١٩٩٨.

محمد السيد أبو المجد عامر: دراسة مقارنة للعوامل المؤدية للعنف في البيئة المدرسية وكيفية التخفيف من حدتها من منظور الخدمة الاجتماعية في كل من الريف والحضر. مجلة العلوم النفسية والتربوية، (تصدرها كلية التربية جامعة المنوفية) العدد الثالث السنة ١٣، ١٩٩٨.

محمد السيد أبو المجد عامر: دراسة مقارنة للعوامل المؤدية للعنف في البيئة المدرسية،و كيفية التخفيف من حدتها من منظور الخدمة الاجتماعية في كل من الريف والحضر، مجلة البحوث النفسية والتربوية عدد ٣ كلية التربية، جامعة المنوفية، ١٩٨٨.

محمد السيد حسونة: بعض المشكلات السلوكية لدى طلاب المرحلة الثانوية، (ظاهرة العنف)، المركز القومي للبحوث التربوية والتنمية، شعبة بحوث المعلومات التربوية، القاهرة، ١٩٩٩.

محمد عرفه: التأثير السلوكي لوسائل الإعلام: تحليل من المستوى الثاني، مجلة التربية العدد ١٢٦، السنة ٢٧، اليونسكو، سبتمبر ١٩٩٨.

محمد مصطفى أحمد: التكيف والمشكلات المدرسية، دار المعرفة الجامعية، الإسكندرية، مصر ١٩٩٦.

مشروع إطار العمل المتكامل بشأن التربية من أجل السلام وحقوق الإنسان والديمقراطية، المؤتمر الدولي (جنيف ٣-٨ أكتوبر ١٩٩٤)

مكتب التربية العربي لدول الخليج: الإعلام التربوي في دول الخليج العربية «وقائع اجتماع مسئولي الإعلام التربوي في دول الخليج العربية» الدوحة، قطر، ١٩-١٤١٢/٥/٢٠: ٢٥-٢٦ / ١٩٩١/١١.

وحيد عبد المجيد: العنف المدرسي وهيب القانون، جريدة الوفد، في ١٩٩٨/٨/٤.

وزارة المعارف، المملكة العربية السعودية: تحقيق بعنوان ألف باء عن العنف، مجلة المعرفة العدد (٥٢) رجب، ١٤٢٠ هـ - أكتوبر ١٩٩٩ م.

اليونيسيف: تقرير وضع الأطفال في العالم – التعليم ١٩٩٩.

ثانيا: المراجع باللغة الأجنبية

Arnold P. Goldstein & Jane Close Conoley: School Violence Intervention A practical Hand Book, The Guilford Press, New York, USA, 1997.

Arnold P.Goldstein & Jane Close Conoley: Families With Aggressive Children And Adolescent,in School Viplence Intervention, Goldstein, Arnold P & Conoley, NY., 1997.

Bryson- William john: maximizing school safety by minimizing student violence on and Near school Grounds, Dissertation Abstracts International vol.33,no.5.

CAMERON,-R-J: School Discipline In The United Kingdom - Promoting Classroom Behavior Which Encourages Effective Teaching And Learning, The - School - Psychology - Review. V. 27 No1 (98) .

CARPENTER-WADE-A: Violence - Reality Must Inform Theory, Kappa-Delta- PI-Record. V. 35-no1 (Fall 98) .

Center For Research And Development IN Law - Related Education, 2714 Henning DR, Winston - Salem, No 57106-4502. PH. 800/437-1054

Clark, Christine: The violence that Creates School dropouts in Multicultural Education, Vol. 6 (No. 1 Fall 1998).

Community Board Program 1540 Market ST., Suite 490,San Francisco, CA 94101.Ph. 415/552-1250.

CREATE AN Anti-Violence Battle Plan For Your School, Curriculum - Review. V 38 No1 (Sept. 98).

Educators For social Responsibility, School Conflict Resolution Programs, 23 Garden St. Cambridge, Ma 02138. PH.617/492-1764.G

For More Information (www.state.sc.us/sde/reports/charlink.htm)

For More Information Or To Schedule An Inservice Program,Contact Anne Farmer, DIRECTOR Of Planning And Administration- 1-800-745-0418 Or E-Mail Lasd

For More Information Or To Schedule An Inservice Program,P.O.Box 880,Laluz,Nm USA 88337-800-745-0418-Fax 505437-0524 E-Mail: iasd@wazoo.com

Gable,-Robert-A;Manning,-M,-Lee; Bullock,-Lyndal-M: An Education Imperiled: The Challenge To Prepare Teachers To Compat School Aggression And Violence, Action-In - Teacher-Education.V.19 (Spring 97).

GOLD,- VERONICA. CHAMBERLIN,- LESLIE-J: School/Student Violence: A primer American - Secondary - Education v. 24 no3 (96).

Gold,-Veronica; Chamberlin,-Leslie-J: Ways To Reduce Student Behavior Problems, American - Secondary - Education. V. 24 (Aug, 96).

Jones, Paul-L: Values Education, Violence Prevention, And Peermedlation: The Triad Against Violence In Our Schools, Educational Horizons. V. 76 No4 (Summer 98).

Meyer, Aleta L & Farrell, Allert D: Social Skills Training to promote Resilience in Urban Sixth - grade Students in (Education and Treatment of children, Vol.21,No 4, Nov. 1998.

Meyer, Aletal.S Fareell. Allort D: Social Skills Training to promote Violence in Urban Sixth Grade Students in (Education and treatment of children, Vol. 21, No. 4, Nov, 1998).

National School Safety Center, 4165 Thousand Oaks Blvd, Suite 290, Westlake Village, Ca 91362. PH. 805/373-9977.

Roper,-Dale-Ann-D: Facing Anger In Our Schools. The - Educational-Forum V.62 NO4(Summer 98).

TRUM, KENNETHS: Security Policy - Personnel And Operation In School Violence Intervention, Goldstein Arnold P & Conoley Ny. 1997.

Wthout Editor: Create an Anti-Violence Battle plan for your sehod, in Curriculum - Review, Vol. 38, No 1, Sept, 1998.

Printed in the United States
By Bookmasters